MANZIL
RATIB AL-HADDAD
SURAH YA-SIN
SURAH AL-WAQI'AH
SURAH AL-MULK

TRANSLITERATION
TRANSLATION

Alhamdulillah. Once you do it with all your devotion Insha Allah you will get positive results. There are a lot of benefits of Manzil Dua. **For Protection Against Calamities.For Protection Against Evil Eye. For Success.**

Manzil Dua is to be recited twice a day, in the morning and the evening. As Allah (ﷻ) encourages glorifying and remembering Him in the morning and evening.

Abu Darda' narrated: Prophet Muhammad (ﷺ) said, "Whoever recites 100 verses at night, he will not be recorded as one of the heedless." (Al-Darimi, 2000: 3491).

In the Light of the encouragement to recite at least 100 Quranic verses, most scholars have suggested reciting the Manzil. This has been practised by many eminent scholars and is known to have been compiled by Shaykh Zakariyya of Saharanpur Daruloom many decades ago.

RATIB AL-HADDAD, Litany of Imam 'Abd'Allah bin 'Alawi Al-Haddad—considered by many scholars, as the reviver of Islam during the twelfth Islamic century.

Ratib Al Haddad is a collection of Duas (invocations) and supplications from the Qur’an as well as Kalimaat (belief declarations) and Tasbeehaat (praise to Allah) that the beloved Prophet Muhammad Mustafa recommended us in his sayings. It is compiled by Imam Sayyid Abdullah ibn Alawi al-Haddad (1634-1720), the 30th generation descendant of the Prophet Muhammad (ﷺ).

Ratib al-Haddad contains eight virtues, namely: being guarded against satan's temptations, bringing many rewards, getting forgiveness from Allah (ﷻ), getting syafaat (help) from the Prophet, who died in husnul khotimah, avoiding danger from those who did wrong, and became a bulwark of various reinforcements, calamities, and outbreaks.

Haddad Ratheeb is a dikhr which is recited every night after Maghrib or Isha. Know that every verse, duas, and name of Allah mentioned in this ratib has been carefully selected from the Qur'an and the hadith of the Prophet (ﷺ).

SURAH YA-SIN, it is the heart of the Quran as it mentions all six articles or root beliefs Islam, including belief in only one God, belief in prophethood, and belief in after-life and resurrection, among others. It narrates about the punishments that were suffered by nonbelievers and their children and generations further. The surah reiterates God's sovereignty and the existence of Resurrection. It is classified as a Meccan surah, whose main theme is to explain some of the basic beliefs of Islam, specifically the belief in life after death.

The importance of Surah Yasin is quoted by many scholars. Some of the famous thoughts and quotes from scholarly Hadiths about Surah Yasin are as follows:

- *"Everything has a heart, and the heart of the Quran is Surah Yasin; whoever reads it, it is as if he has read the Quran ten times."*
- *"Whoever reads Surah Yasin in one night will be forgiven in the morning."*
- *"Whoever recites Surah Yaseen at night seeking Allah's approval, Allah would forgive him."*
- *"Whoever continues to read it every night then dies, will die as a shaheed (martyr)."*
- *"Whoever enters the graveyard and reads Surah Yasin, their (punishment) will be reduced that day, and he will have hasanaat*

(reward) equal to the number of people in the graveyard."

SURAH AL-WAQI'AH declares that all humans should believe in Allah to become one of the righteous as, on the Day of Judgment, the righteous will be rewarded while the non-believers will suffer punishment. It discusses life after death and elaborates on the belief in the resurrection. In Islam, resurrection or life after death is one of the main pillars of the faith. Muslims believe in the Day of Judgment, a day on which Allah will raise the dead and reward or punish them for their deeds on earth.

Many hadith have stated Surah Waqiah benefits in protecting you from poverty and giving you financial security. Reciting it every day brings blessings and barakah into your life. It brings success, prosperity, and wealth for you and your family.

Regularly reciting this **Surah** is preparing your future. Having trust in divine providence gives you comfort and eliminates any fear of the future. The best time to read Surah Waqiah is before sleeping. It is advised to take out some time and recite Surah Waqiah before sleeping, which is a great Sunnah of our beloved Prophet Muhammad PBUH and ultimate source of wealth.

SURAH AL-MULK is the Surah which intercedes for its reciters; the Surah which gives salvation from the torment of the grave; the Surah which protects its reciter; the Surah we have been instructed to recite ourselves and to teach to our families. It is reported regarding Hadhrat Abdullah ibn Abbas (Allah be pleased with him) that he said "*Personally, recite Surah Al-Mulk and teach it to your wife, children and to all the other children who live i your home, and even to your neighbours, because it is that which grants salvation, and it will firmly demand (for your) salvation from Allah.*"

Hadhrat Abdullah ibn Mas'ud (Allah be pleased with him) reported "*The one who recites Surah Tabaarak (Al-Mulk) every night, Allah Almighty will spare him from the torment of the grave; we used to call this Surah Maani'a in the sacred era of the beloved Holy Prophet (peace be upon him, his family and companions).*"

ETIQUETTE OF DUA'A

Ali Ibn Abi Talib (r) says: Put faith in Allah. Seek His protection. Direct your prayers, requests, solicitations and supplications to Him and Him alone. To give as well as to withhold lies in His power.

An-Nu'man bin Bashir (May Allah be pleased with them) reported:The Prophet (ﷺ) said, "Du'a (supplication) is worship."

وَقَالَ رَبُّكُمُ ٱدْعُونِىٓ أَسْتَجِبْ لَكُمْ ۚ إِنَّ ٱلَّذِينَ
يَسْتَكْبِرُونَ عَنْ عِبَادَتِى سَيَدْخُلُونَ جَهَنَّمَ دَاخِرِينَ

﴿٦٠﴾

"And your Lord says, "Call upon Me; I will respond to you." Indeed, those who disdain My worship will enter Hell [rendered] contemptible."(Quran 40:60)

Du'a will likely be acceptable if the one follow these manners before doing it.

1. Faithfulness to Allah
2. To start with thanking Allah and praising Him and then giving salat on the Prophet

(ﷺ) and ending the du'a with the same

3. To ask Allah by His Names and Attributes
4. Raising One's Hands
5. Face the Qiblah when making du'a
6. Performing Wudu
7. Trust in Allah and have Yaqeen (certainty) that it will be answered
8. Persistence in du'a, not being hasty and abandoning dua'a
9. Presence of the heart in the du'a
10. Say du'a at times of trouble and of pleasure
11. To Cry with the fear of Allah
12. Make Du'a for oneself before making Du'a for others
13. Make du'a in a moderately low voice
14. To Repeat the Du'a three times
15. Do not make dua against oneself, ones family, wealth and children
16. Acknowledging One's sins
17. Doing good deeds and asking Allah by one's good deeds
18. Not to use excessive rhymed prose when making du'a
19. Not to make du'a for prohibited and impossible things
20. To make a Du'a that encompasses most of the needs of Deen and the dunya

MANZIL

(1) Surah al-Fatihah (1: 1-7)

بِسْمِ ٱللَّهِ ٱلرَّحْمَٰنِ ٱلرَّحِيمِ ﴿١﴾
ٱلْحَمْدُ لِلَّهِ رَبِّ ٱلْعَٰلَمِينَ ﴿٢﴾ ٱلرَّحْمَٰنِ
ٱلرَّحِيمِ ﴿٣﴾ مَٰلِكِ يَوْمِ ٱلدِّينِ ﴿٤﴾ إِيَّاكَ نَعْبُدُ وَإِيَّاكَ
نَسْتَعِينُ ﴿٥﴾ ٱهْدِنَا ٱلصِّرَٰطَ ٱلْمُسْتَقِيمَ ﴿٦﴾ صِرَٰطَ
ٱلَّذِينَ أَنْعَمْتَ عَلَيْهِمْ غَيْرِ ٱلْمَغْضُوبِ عَلَيْهِمْ وَلَا
ٱلضَّآلِّينَ ﴿٧﴾

(2) Surah al-Baqarah (2: 1-5)

بِسْمِ ٱللَّهِ ٱلرَّحْمَٰنِ ٱلرَّحِيمِ
الٓمٓ ﴿١﴾ ذَٰلِكَ ٱلْكِتَٰبُ لَا رَيْبَ ۛ فِيهِ ۛ هُدًى
لِّلْمُتَّقِينَ ﴿٢﴾ ٱلَّذِينَ يُؤْمِنُونَ بِٱلْغَيْبِ وَيُقِيمُونَ ٱلصَّلَوٰةَ
وَمِمَّا رَزَقْنَٰهُمْ يُنفِقُونَ ﴿٣﴾ وَٱلَّذِينَ يُؤْمِنُونَ بِمَآ أُنزِلَ
إِلَيْكَ وَمَآ أُنزِلَ مِن قَبْلِكَ وَبِٱلْءَاخِرَةِ هُمْ

يُوقِنُونَ ﴿٤﴾ أُوْلَٰٓئِكَ عَلَىٰ هُدًى مِّن رَّبِّهِمْۖ وَأُوْلَٰٓئِكَ هُمُ
ٱلْمُفْلِحُونَ ﴿٥﴾

(3) Surah al-Baqarah (2: 163)

وَإِلَٰهُكُمْ إِلَٰهٌ وَٰحِدٌۖ لَّآ إِلَٰهَ إِلَّا هُوَ ٱلرَّحْمَٰنُ
ٱلرَّحِيمُ ﴿١٦٣﴾

(4) Surah al-Baqarah (2: 255-57)

ٱللَّهُ لَآ إِلَٰهَ إِلَّا هُوَ ٱلْحَيُّ ٱلْقَيُّومُۚ لَا تَأْخُذُهُۥ سِنَةٌ وَلَا
نَوْمٌۚ لَّهُۥ مَا فِى ٱلسَّمَٰوَٰتِ وَمَا فِى ٱلْأَرْضِۗ مَن ذَا ٱلَّذِى
يَشْفَعُ عِندَهُۥٓ إِلَّا بِإِذْنِهِۦۚ يَعْلَمُ مَا بَيْنَ أَيْدِيهِمْ وَمَا
خَلْفَهُمْۖ وَلَا يُحِيطُونَ بِشَىْءٍ مِّنْ عِلْمِهِۦٓ إِلَّا بِمَا شَآءَۚ
وَسِعَ كُرْسِيُّهُ ٱلسَّمَٰوَٰتِ وَٱلْأَرْضَۖ وَلَا يَـُٔودُهُۥ حِفْظُهُمَاۚ
وَهُوَ ٱلْعَلِىُّ ٱلْعَظِيمُ ﴿٢٥٥﴾ لَآ إِكْرَاهَ فِى ٱلدِّينِۖ قَد
تَّبَيَّنَ ٱلرُّشْدُ مِنَ ٱلْغَىِّۚ فَمَن يَكْفُرْ بِٱلطَّٰغُوتِ وَيُؤْمِنۢ بِٱللَّهِ
فَقَدِ ٱسْتَمْسَكَ بِٱلْعُرْوَةِ ٱلْوُثْقَىٰ لَا ٱنفِصَامَ لَهَاۗ وَٱللَّهُ

سَمِيعٌ عَلِيمٌ ﴿٢٥٦﴾ ٱللَّهُ وَلِيُّ ٱلَّذِينَ ءَامَنُوا۟ يُخْرِجُهُم
مِّنَ ٱلظُّلُمَٰتِ إِلَى ٱلنُّورِ ۖ وَٱلَّذِينَ كَفَرُوٓا۟ أَوْلِيَآؤُهُمُ
ٱلطَّٰغُوتُ يُخْرِجُونَهُم مِّنَ ٱلنُّورِ إِلَى ٱلظُّلُمَٰتِ ۗ أُو۟لَٰٓئِكَ
أَصْحَٰبُ ٱلنَّارِ ۖ هُمْ فِيهَا خَٰلِدُونَ ﴿٢٥٧﴾

(5) Surah al-Baqarah (2: 284-286)

لِّلَّهِ مَا فِى ٱلسَّمَٰوَٰتِ وَمَا فِى ٱلْأَرْضِ ۗ وَإِن تُبْدُوا۟ مَا
فِىٓ أَنفُسِكُمْ أَوْ تُخْفُوهُ يُحَاسِبْكُم بِهِ ٱللَّهُ ۖ فَيَغْفِرُ لِمَن
يَشَآءُ وَيُعَذِّبُ مَن يَشَآءُ ۗ وَٱللَّهُ عَلَىٰ كُلِّ شَىْءٍ قَدِيرٌ
﴿٢٨٤﴾ ءَامَنَ ٱلرَّسُولُ بِمَآ أُنزِلَ إِلَيْهِ مِن رَّبِّهِۦ
وَٱلْمُؤْمِنُونَ ۚ كُلٌّ ءَامَنَ بِٱللَّهِ وَمَلَٰٓئِكَتِهِۦ وَكُتُبِهِۦ وَرُسُلِهِۦ لَا
نُفَرِّقُ بَيْنَ أَحَدٍ مِّن رُّسُلِهِۦ ۚ وَقَالُوا۟ سَمِعْنَا وَأَطَعْنَا ۖ
غُفْرَانَكَ رَبَّنَا وَإِلَيْكَ ٱلْمَصِيرُ ﴿٢٨٥﴾
لَا يُكَلِّفُ ٱللَّهُ نَفْسًا إِلَّا وُسْعَهَا ۚ لَهَا مَا كَسَبَتْ
وَعَلَيْهَا مَا ٱكْتَسَبَتْ ۗ رَبَّنَا لَا تُؤَاخِذْنَآ إِن نَّسِينَآ أَوْ

خطَأْنَا ۚ رَبَّنَا وَلَا تَحْمِلْ عَلَيْنَآ إِصْرًا كَمَا حَمَلْتَهُۥ عَلَى
ٱلَّذِينَ مِن قَبْلِنَا ۚ رَبَّنَا وَلَا تُحَمِّلْنَا مَا لَا طَاقَةَ لَنَا بِهِۦ ۖ
عْفُ عَنَّا وَٱغْفِرْ لَنَا وَٱرْحَمْنَآ ۚ أَنتَ مَوْلَىٰنَا فَٱنصُرْنَا عَلَى
ٱلْقَوْمِ ٱلْكَٰفِرِينَ ﴿٢٨٦﴾

(6) Surah Aali Imran (3: 18)

شَهِدَ ٱللَّهُ أَنَّهُۥ لَآ إِلَٰهَ إِلَّا هُوَ وَٱلْمَلَٰٓئِكَةُ وَأُو۟لُوا۟ ٱلْعِلْمِ قَآئِمًۢا
بِٱلْقِسْطِ ۚ لَآ إِلَٰهَ إِلَّا هُوَ ٱلْعَزِيزُ ٱلْحَكِيمُ ﴿١٨﴾

(7) Surah Aali Imran (3: 26-27)

قُلِ ٱللَّهُمَّ مَٰلِكَ ٱلْمُلْكِ تُؤْتِى ٱلْمُلْكَ مَن تَشَآءُ وَتَنزِعُ
ٱلْمُلْكَ مِمَّن تَشَآءُ وَتُعِزُّ مَن تَشَآءُ وَتُذِلُّ مَن تَشَآءُ ۖ
بِيَدِكَ ٱلْخَيْرُ ۖ إِنَّكَ عَلَىٰ كُلِّ شَىْءٍ قَدِيرٌ ﴿٢٦﴾
تُولِجُ ٱلَّيْلَ فِى ٱلنَّهَارِ وَتُولِجُ ٱلنَّهَارَ فِى ٱلَّيْلِ ۖ وَتُخْرِجُ
ٱلْحَىَّ مِنَ ٱلْمَيِّتِ وَتُخْرِجُ ٱلْمَيِّتَ مِنَ ٱلْحَىِّ ۖ وَتَرْزُقُ مَن
تَشَآءُ بِغَيْرِ حِسَابٍ ﴿٢٧﴾

(8) Surah al-A‘raf (7: 54-56)

إِنَّ رَبَّكُمُ ٱللَّهُ ٱلَّذِى خَلَقَ ٱلسَّمَٰوَٰتِ وَٱلْأَرْضَ فِى
سِتَّةِ أَيَّامٍ ثُمَّ ٱسْتَوَىٰ عَلَى ٱلْعَرْشِ يُغْشِى ٱلَّيْلَ ٱلنَّهَارَ
يَطْلُبُهُۥ حَثِيثًا وَٱلشَّمْسَ وَٱلْقَمَرَ وَٱلنُّجُومَ مُسَخَّرَٰتٍۭ
بِأَمْرِهِۦٓ ۗ أَلَا لَهُ ٱلْخَلْقُ وَٱلْأَمْرُ ۗ تَبَارَكَ ٱللَّهُ رَبُّ
ٱلْعَٰلَمِينَ ﴿٥٤﴾ ٱدْعُوا۟ رَبَّكُمْ تَضَرُّعًا وَخُفْيَةً ۚ إِنَّهُۥ لَا
يُحِبُّ ٱلْمُعْتَدِينَ ﴿٥٥﴾
وَلَا تُفْسِدُوا۟ فِى ٱلْأَرْضِ بَعْدَ إِصْلَٰحِهَا وَٱدْعُوهُ خَوْفًا
وَطَمَعًا ۚ إِنَّ رَحْمَتَ ٱللَّهِ قَرِيبٌ مِّنَ ٱلْمُحْسِنِينَ ﴿٥٦﴾

(9) Surah al-Isra’ (17: 110-111)

قُلِ ٱدْعُوا۟ ٱللَّهَ أَوِ ٱدْعُوا۟ ٱلرَّحْمَٰنَ ۖ أَيًّا مَّا تَدْعُوا۟ فَلَهُ
ٱلْأَسْمَآءُ ٱلْحُسْنَىٰ ۚ وَلَا تَجْهَرْ بِصَلَاتِكَ وَلَا تُخَافِتْ بِهَا
وَٱبْتَغِ بَيْنَ ذَٰلِكَ سَبِيلًا ﴿١١٠﴾
وَقُلِ ٱلْحَمْدُ لِلَّهِ ٱلَّذِى لَمْ يَتَّخِذْ وَلَدًا وَلَمْ يَكُن لَّهُۥ

شَرِيكٌ فِى ٱلْمُلْكِ وَلَمْ يَكُن لَّهُۥ وَلِىٌّ مِّنَ ٱلذُّلِّ ۖ وَكَبِّرْهُ
تَكْبِيرًۢا ﴿١١١﴾

(10) Surah al-Mu'minun (23: 115-118)

أَفَحَسِبْتُمْ أَنَّمَا خَلَقْنَٰكُمْ عَبَثًا وَأَنَّكُمْ إِلَيْنَا لَا تُرْجَعُونَ
﴿١١٥﴾ فَتَعَٰلَى ٱللَّهُ ٱلْمَلِكُ ٱلْحَقُّ ۖ لَآ إِلَٰهَ إِلَّا هُوَ رَبُّ
ٱلْعَرْشِ ٱلْكَرِيمِ ﴿١١٦﴾ وَمَن يَدْعُ مَعَ ٱللَّهِ إِلَٰهًا ءَاخَرَ لَا
بُرْهَٰنَ لَهُۥ بِهِۦ فَإِنَّمَا حِسَابُهُۥ عِندَ رَبِّهِۦٓ ۚ إِنَّهُۥ لَا يُفْلِحُ
ٱلْكَٰفِرُونَ ﴿١١٧﴾ وَقُل رَّبِّ ٱغْفِرْ وَٱرْحَمْ وَأَنتَ خَيْرُ
ٱلرَّٰحِمِينَ ﴿١١٨﴾

(11) Surah al-Saffat (37: 1-11)

بِسْمِ ٱللَّهِ ٱلرَّحْمَٰنِ ٱلرَّحِيمِ

وَٱلصَّٰٓفَّٰتِ صَفًّا ﴿١﴾ فَٱلزَّٰجِرَٰتِ زَجْرًا ﴿٢﴾ فَٱلتَّٰلِيَٰتِ
ذِكْرًا ﴿٣﴾ إِنَّ إِلَٰهَكُمْ لَوَٰحِدٌ ﴿٤﴾ رَّبُّ ٱلسَّمَٰوَٰتِ
وَٱلْأَرْضِ وَمَا بَيْنَهُمَا وَرَبُّ ٱلْمَشَٰرِقِ ﴿٥﴾ إِنَّا زَيَّنَّا

ٱلسَّمَآءَ ٱلدُّنْيَا بِزِينَةٍ ٱلْكَوَاكِبِ ﴿٦﴾ وَحِفْظًا مِّن كُلِّ
شَيْطَٰنٍ مَّارِدٍ ﴿٧﴾ لَّا يَسَّمَّعُونَ إِلَى ٱلْمَلَإِ ٱلْأَعْلَىٰ
وَيُقْذَفُونَ مِن كُلِّ جَانِبٍ ﴿٨﴾ دُحُورًا ۖ وَلَهُمْ عَذَابٌ
وَاصِبٌ ﴿٩﴾ إِلَّا مَنْ خَطِفَ ٱلْخَطْفَةَ فَأَتْبَعَهُۥ شِهَابٌ
ثَاقِبٌ ﴿١٠﴾ فَٱسْتَفْتِهِمْ أَهُمْ أَشَدُّ خَلْقًا أَم مَّنْ خَلَقْنَآ ۚ
إِنَّا خَلَقْنَٰهُم مِّن طِينٍ لَّازِبٍۭ ﴿١١﴾

(12) Surah al-Rahman (55: 33-40)

يَٰمَعْشَرَ ٱلْجِنِّ وَٱلْإِنسِ إِنِ ٱسْتَطَعْتُمْ أَن تَنفُذُوا۟ مِنْ
أَقْطَارِ ٱلسَّمَٰوَٰتِ وَٱلْأَرْضِ فَٱنفُذُوا۟ ۚ لَا تَنفُذُونَ إِلَّا بِسُلْطَٰنٍ
﴿٣٣﴾ فَبِأَىِّ ءَالَآءِ رَبِّكُمَا تُكَذِّبَانِ ﴿٣٤﴾ يُرْسَلُ
عَلَيْكُمَا شُوَاظٌ مِّن نَّارٍ وَنُحَاسٌ فَلَا تَنتَصِرَانِ ﴿٣٥﴾
فَبِأَىِّ ءَالَآءِ رَبِّكُمَا تُكَذِّبَانِ ﴿٣٦﴾ فَإِذَا ٱنشَقَّتِ ٱلسَّمَآءُ
فَكَانَتْ وَرْدَةً كَٱلدِّهَانِ ﴿٣٧﴾ فَبِأَىِّ ءَالَآءِ رَبِّكُمَا
تُكَذِّبَانِ ﴿٣٨﴾ فَيَوْمَئِذٍ لَّا يُسْـَٔلُ عَن ذَنۢبِهِۦٓ إِنسٌ وَلَا
جَآنٌّ ﴿٣٩﴾ فَبِأَىِّ ءَالَآءِ رَبِّكُمَا تُكَذِّبَانِ ﴿٤٠﴾

(13) Surah al-Hashar (59: 21-24)

لَوْ أَنزَلْنَا هَٰذَا ٱلْقُرْءَانَ عَلَىٰ جَبَلٍ لَّرَأَيْتَهُۥ خَٰشِعًا
مُّتَصَدِّعًا مِّنْ خَشْيَةِ ٱللَّهِ ۚ وَتِلْكَ ٱلْأَمْثَٰلُ نَضْرِبُهَا لِلنَّاسِ
لَعَلَّهُمْ يَتَفَكَّرُونَ ﴿٢١﴾ هُوَ ٱللَّهُ ٱلَّذِى لَآ إِلَٰهَ إِلَّا هُوَ ۖ
عَٰلِمُ ٱلْغَيْبِ وَٱلشَّهَٰدَةِ ۖ هُوَ ٱلرَّحْمَٰنُ ٱلرَّحِيمُ ﴿٢٢﴾ هُوَ
ٱللَّهُ ٱلَّذِى لَآ إِلَٰهَ إِلَّا هُوَ ٱلْمَلِكُ ٱلْقُدُّوسُ ٱلسَّلَٰمُ ٱلْمُؤْمِنُ
ٱلْمُهَيْمِنُ ٱلْعَزِيزُ ٱلْجَبَّارُ ٱلْمُتَكَبِّرُ ۚ سُبْحَٰنَ ٱللَّهِ عَمَّا
يُشْرِكُونَ ﴿٢٣﴾ هُوَ ٱللَّهُ ٱلْخَٰلِقُ ٱلْبَارِئُ ٱلْمُصَوِّرُ ۖ لَهُ
ٱلْأَسْمَآءُ ٱلْحُسْنَىٰ ۚ يُسَبِّحُ لَهُۥ مَا فِى ٱلسَّمَٰوَٰتِ وَٱلْأَرْضِ ۖ
وَهُوَ ٱلْعَزِيزُ ٱلْحَكِيمُ ﴿٢٤﴾

(14) Surah al-Jinn (72: 1-4)

بِسْمِ ٱللَّهِ ٱلرَّحْمَٰنِ ٱلرَّحِيمِ

قُلْ أُوحِىَ إِلَىَّ أَنَّهُ ٱسْتَمَعَ نَفَرٌ مِّنَ ٱلْجِنِّ فَقَالُوٓا۟ إِنَّا
سَمِعْنَا قُرْءَانًا عَجَبًا ﴿١﴾ يَهْدِىٓ إِلَى ٱلرُّشْدِ فَـَٔامَنَّا بِهِۦ ۖ

وَلَن نُّشْرِكَ بِرَبِّنَآ أَحَدًا ﴿٢﴾ وَأَنَّهُۥ تَعَٰلَىٰ جَدُّ رَبِّنَا مَا
ٱتَّخَذَ صَٰحِبَةً وَلَا وَلَدًا ﴿٣﴾ وَأَنَّهُۥ كَانَ يَقُولُ سَفِيهُنَا
عَلَى ٱللَّهِ شَطَطًا ﴿٤﴾

(15) Surah al-Kafirun (109: 1-6)

بِسْمِ ٱللَّهِ ٱلرَّحْمَٰنِ ٱلرَّحِيمِ

قُلْ يَٰٓأَيُّهَا ٱلْكَٰفِرُونَ ﴿١﴾ لَآ أَعْبُدُ مَا تَعْبُدُونَ ﴿٢﴾
وَلَآ أَنتُمْ عَٰبِدُونَ مَآ أَعْبُدُ ﴿٣﴾ وَلَآ أَنَا۠ عَابِدٌ مَّا عَبَدتُّمْ
﴿٤﴾ وَلَآ أَنتُمْ عَٰبِدُونَ مَآ أَعْبُدُ ﴿٥﴾ لَكُمْ دِينُكُمْ وَلِىَ
دِينِ ﴿٦﴾

(16) Surah al-Ikhlas (112: 1-4)

بِسْمِ ٱللَّهِ ٱلرَّحْمَٰنِ ٱلرَّحِيمِ

قُلْ هُوَ ٱللَّهُ أَحَدٌ ﴿١﴾ ٱللَّهُ ٱلصَّمَدُ ﴿٢﴾ لَمْ يَلِدْ وَلَمْ
يُولَدْ ﴿٣﴾ وَلَمْ يَكُن لَّهُۥ كُفُوًا أَحَدٌۢ ﴿٤﴾

(17) Surah al-Falaq (113: 1-5)

بِسْمِ ٱللَّهِ ٱلرَّحْمَٰنِ ٱلرَّحِيمِ

قُلْ أَعُوذُ بِرَبِّ ٱلْفَلَقِ ﴿١﴾ مِن شَرِّ مَا خَلَقَ ﴿٢﴾
وَمِن شَرِّ غَاسِقٍ إِذَا وَقَبَ ﴿٣﴾ وَمِن شَرِّ ٱلنَّفَّٰثَٰتِ فِى
ٱلْعُقَدِ ﴿٤﴾ وَمِن شَرِّ حَاسِدٍ إِذَا حَسَدَ ﴿٥﴾

(18) Surah al-Nas (114: 1-6)

بِسْمِ ٱللَّهِ ٱلرَّحْمَٰنِ ٱلرَّحِيمِ

قُلْ أَعُوذُ بِرَبِّ ٱلنَّاسِ ﴿١﴾ مَلِكِ ٱلنَّاسِ ﴿٢﴾ إِلَٰهِ
ٱلنَّاسِ ﴿٣﴾ مِن شَرِّ ٱلْوَسْوَاسِ ٱلْخَنَّاسِ ﴿٤﴾ ٱلَّذِى
يُوَسْوِسُ فِى صُدُورِ ٱلنَّاسِ ﴿٥﴾ مِنَ ٱلْجِنَّةِ وَٱلنَّاسِ
﴿٦﴾

Transliteration

(1) Surah al-Fatihah (1: 1-7)

1:1 Bi-smi-llāhi -r-raḥmāni -r-raḥīm(i)
1:2 Al-ḥamdu -li-llāhi rabbi -l-`ālamīn(a)
1:3 Ar-raḥmāni -r-raḥīm(i)
1:4 Māliki yawmi -d-dīn(i)
1:5 'Iyyāka na`budu wa-'iyyāka nasta`īn(u)
1:6 Ihdinā -ṣ-ṣirāṭa -l-mustaqīm(a)
1:7 Ṣirāṭa -l-laḏīna 'an`amta `alayhim ġayri-l-maġḍūbi `alayhim wa-lā -ḍ-ḍāllīn(a)

(2) Surah al-Baqarah (2: 1-5)

Bismillaahir Rahmaanir Raheem.
2-1. Alif-Laaam-Meeem
2-2. Zaalikal Kitaabu laa raiba feeh; udal lilmuttaqeen
2-3. Allazeena yu'minoona bilghaibi wa yuqeemoonas salaata wa mimmaa razaqnaahum yunfiqoon
2-4. Wallazeena yu'minoona bimaa unzila ilaika wa maaa unzila min qablika wa bil Aakhirati hum yooqinoon
2-5. Ulaaa'ika 'alaa hudam mir rabbihim wa ulaaa'ika humul muflihoon.

(3) Surah al-Baqarah (2: 163)

2-163.Wa ilaahukum illaahunw waahid, laaa ilaaha illaa Huwar Rahmaanur Raheem.

(4) Surah al-Baqarah (2: 255-257)

2- 255. Allahu laaa ilaaha illaa Huwal Haiyul Qaiyoom; laa taakhuzuhoo sinatunw wa laa nawm;
lahoo maa fissamaawaati wa maa fil ard; man zal lazee yashfa'u indahooo illaa bi-iznih; ya'lamu maa baina aydeehim wa maa khalfahum wa laa yuheetoona bishai'im min 'ilmihee illaa bimaa shaaa';
wasi'a Kursiyyuhus samaawaati wal arda wa laa ya'ooduho hifzuhumaa; wa Huwal Aliyyul 'Azeem.
2- 256. Laaa ikraaha fid deeni qat tabiyanar rushdu minal ghayy;
famai yakfur bit Taaghooti wa yu'mim billaahi faqadis tamsaka bil'urwatil wusqaa lan fisaama lahaa; wallaahu Samee'un 'Aleem
2- 257. Allaahu waliyyul lazeena aamanoo yukhrijuhum minaz zulumaati ilan noori wallazeena kafarooo awliyaaa'uhumut Taaghootu yukhrijoonahum minan noori ilaz KwaZulu; ulaaa'ika Ashaabun Naari hum feehaa khaalidoon.

(5) Surah al-Baqarah (2: 284-286)

2-284. Lillaahi maa fissamaawaati wa maa fil ard;
wa in tubdoo maa feee anfusikum aw tukhfoohu yuhaasibkum bihil laa;
fayaghfiru li mai yashaaa'u wa yu'azzibu mai yashaaa u;wallaahu 'alaa kulli shai in qadeer.
2-285. Aamanar-Rasoolu bimaaa unzila ilaihi mir-Rabbihee walmu'minoon;
kullun aamana billaahi wa Malaaa'ikathihee wa Kutubhihee wa Rusulih
laa nufarriqu baina ahadim-mir-Rusulihee
wa qaaloo sami'naa wa ata'naa ghufraanaka Rabbanaa wa ilaikal-maseer.
2-286. Laa yukalliful-laahu nafsan illaa wus'ahaa; lahaa maa kasabat wa 'alaihaa maktasabat;
Rabbanaa la tu'aakhiznaa in naseenaaa aw akhtaanaa;
Rabbanaa wa laa tahmil-'alainaaa isran kamaa hamaltahoo 'alal-lazeena min qablinaa;Rabbanaa wa laa tuhammilnaa maa laa taaqata lanaa bih
wa'fu 'annaa waghfir lanaa warhamnaa;
Anta mawlaanaa fansurnaa 'alal qawmil kaafireen.

(6) Surah Aali Imran (3: 18)

*3-18. Shahidal laahu annahoo laa ilaaha illaa
Huwa walmalaaa'ikatu wa ulul 'ilmi qaaa'imam
bilqist;
laaa ilaaha illaa Huwal 'Azeezul Hakeem.*

(7) Surah Aali Imran (3: 26-27)

*3-26. Qulil laahumma Maalikal Mulki tu'til
mulka man tashaaa'u
wa tanzi'ulmulka mimman tashhaaa'u wa
tu'izzu man tashaaa'u
wa tuzillu man tashaaa'u biyadikal khairu
innaka 'alaa kulli shai'in Qadeer.
3-27. Toolijul laila fin nahaari wa toolijun
nahaara fil laili
wa tukhrijul haiya minalmaiyiti wa
tukhrijulo
maiyita minal haiyi wa tarzuqu man
tashaaa'u bighari hisab.*

(8) Surah al-A'raf (7: 54-56)

*7-54. Inna Rabbakkumul laahul lazee
khalaqas sammaawaati wal arda
fee sittati ayyaamin summmas tawaa 'alal
'arshi
yughshil lailan nahaara yatlu buhoo
haseesanw washshamsa*

walqamara wannujooma musakhkharaatim bi amrih;
alaa lahul khalqu wal-amr; tabaarakal laahu Rabbul 'aalameen.
7-55. Ud'oo Rabbakum tadarru'anw wa khufyah; innahoo laa yuhibbul mu'tadeen.
7-56. Wa laa tufsidoo fil ardi ba'da islaahihaa wad'oohu khawfanw wa tama'aa; inna rahmatal laahi qareebum minal muhsineen.

(9) Surah al-Isra' (17: 110-111)

17-110. Qulid'ul laaha awid'ur Rahmaana ayyam maa tad'oo falahul asmaaa'ul Husnaa; wa laa tajhar bi Salaatika wa laa tukhaafit bihaa wabtaghi baina zaalika sabeela.
17-111. Wa qulil hamdu lillaahil lazee lam yattakhiz waladanw wa lam yakul lahoo shareekun fil mulki wa lam yakul lahoo waliyyum minaz zulli wa kabbirhu takbeeraa.

(10) Surah al-Mu'minun (23: 115-118)

23-115. Afahsibtum annamaa khalaqnaakum 'abasanw wa annakum ilainaa laa turja'oon
23-116. Fata'aalal laahul Malikul Haqq; laaa ilaaha illaa Huwa Rabbul 'Arshil Kareem.

23-117. Wa mai yad'u ma'allaahi ilaahan aakhara laa burhaana lahoo bihee fa innnamaa hisaabuhoo 'inda Rabbih; innahoo laa yuflihul kaafiroon.

23-118. Wa qur Rabbigh fir warham wa Anta khairur raahimeen.

(11) Surah al-Saffat (37: 1-11)

37-1. Wassaaaffaati saffaa

37-2. Fazzaajiraati zajraa

37-3. Fattaaliyaati Zikra

37-4. Inna Illaahakum la Waahid

37-5. Rabbus samaawaati wal ardi wa maa bainahumaa wa Rabbul mashaariq

37-6. Innaa zaiyannas samaaa 'ad dunyaa bizeenatinil kawaakib

37-7. Wa hifzam min kulli Shaitaanim maari

37-8. Laa yassamma 'oona ilal mala il a'alaa wa yuqzafoona min kulli jaanib

37-9. Duhooranw wa lahum 'azaabunw waasib

37-10. Illaa man khatifal khatfata fa atba'ahoo shihaabun saaqib

37-11. Fastaftihim ahum ashaddu khalqan an man khalaqnaa; innaa khalaqnaahum min teenil laazib.

(12) Surah al-Rahman (55: 33-40)

55-33. Yaa ma'sharal jinni wal insi inis
tata'tum an tanfuzoo
min aqtaaris samaawaati wal ardi fanfuzoo;
laa tanfuzoona illaa bisultaan.
55-34. Fabi ayyi aalaaa'i Rabbikumaa
tukazzibaan.
55-35. Yursalu 'alaikumaa shuwaazum min
naarifiw-wa nuhaasun falaa tantasiraan
55-36 Fabi ayyi aalaaa'i Rabbikumaa
tukazzibaan.
55-37 Fa-izan shaqqatis samaaa'u fakaanat
wardatan kaddihaan
55-38 Fabi ayyi aalaaa'i Rabbikumaa
tukazzibaan.
55-39 Fa-yawma'izil laa yus'alu 'an zambiheee
insunw wa laa jaann
55-40 Fabi ayyi aalaaa'i Rabbikumaa
tukazzibaan.

(13) Surah al-Hashar (59: 21-24)

59-21. Law anzalnaa haazal quraana 'alaa
jabilil lara aytahoo khaashi'am muta saddi
'am min khashiyatil laah; wa tilkal amsaalu
nadribuhaa linnaasi la'allahum yatafakkaroon.
59-22. Huwal-laahul-lazee laaa Ilaaha illaa
Huwa 'Aalimul Ghaibi wash-shahaada; Huwar
Rahmaanur-Raheem.

59-23. Huwal-laahul-lazee laaa Ilaaha illaa Huwal-Malikul Quddoosus-Salaamul Muminul Muhaiminul-'aAzeezul Jabbaarul-Mutakabbir; Subhaanal laahi 'Ammaa yushrikoon.
59-24. Huwal Laahul Khaaliqul Baari 'ul Musawwir; lahul Asmaaa'ul Husnaa; yusabbihu lahoo maa fis samaawaati wal ardi wa Huwal 'Azeezul Hakeem.

(14) Surah al-Jinn (72: 1-4)

72-1. Qul oohiya ilaiya annna hustama'a nafarum minal jinnni faqaalooo innaa sami'naa quraanan 'ajabaa.
72-2 Yahdeee ilar rushdi fa aamannaa bihee wa lan nushrika bi rabbinaaa ahadaa.
72-3 Wa annahoo Ta'aalaa jaddu Rabbinaa mat takhaza saahibatanw wa la waladaa.
72-4 Wa annahoo kaana yaqoolu safeehunaa 'alal laahi shatataa.

(15) Surah al-Kafirun (109: 1-6)

Bismillaahir Rahmaanir Raheem.
109-1. Qul yaa-ai yuhal kaafiroon
109-2. Laa a'budu ma t'abudoon
109-3. Wa laa antum 'aabidoona maa a'bud
109-4. Wa laa ana 'abidum maa 'abattum
109-5. Wa laa antum 'aabidoona ma a'bud
109-6. Lakum deenukum wa liya deen.

(16) Surah al-Ikhlas (112: 1-4)

Bismillaahir Rahmaanir Raheem.
112-1. Qul huwal laahu ahad
112-2. Allah hus-samad
112-3. Lam yalid wa lam yoolad
112-4. Wa lam yakul-lahu kufuwan ahad.

(17) Surah al-Falaq (113: 1-5)

Bismillaahir Rahmaanir Raheem.
113-1. Qul a'uzoo bi rabbil-falaq
113-2. Min sharri ma khalaq
113-3. Wa min sharri ghasiqin iza waqab
113-4. Wa min sharrin-naffaa-saati fil 'uqad
113-5. Wa min shar ri haasidin iza hasad.

(18) Surah al-Nas (114: 1-6)

Bismillaahir Rahmaanir Raheem.
114-1. Qul a'uzu birabbin naas
114-2. Malikin naas
114-3. Ilaahin naas
114-4. Min sharril was waasil khannaas
114-5. Al lazee yuwas wisu fee sudoorin naas
114-6. Minal jinnati wan naas.

Translation

(1) Surah al-Fatihah (1: 1-7)

In the name of Allah, Most Gracious, Most Merciful. (1) Praise be to Allah, the Cherisher and Sustainer of the worlds; (2) Most Gracious, Most Merciful; (3) Master of the Day of Judgment. (4) Thee do we worship, and Thine aid we seek. (5) Show us the straight way, (6) The way of those on whom Thou hast bestowed Thy Grace, those whose (portion) is not wrath, and who go not astray. (7)

(2) Surah al-Baqarah (2: 1-5)

In the name of Allah, Most Gracious, Most Merciful. (1) This is the Book; in it is guidance sure, without doubt, to those who fear Allah; (2) Who believe in the Unseen, are steadfast in prayer, and spend out of what We have provided for them; (3) And who believe in the Revelation sent to thee, and sent before thy time, and (in their hearts) have the assurance of the Hereafter. (4) They are on (true) guidance, from their Lord, and it is these who will prosper. (5)

(3) Surah al-Baqarah (2: 163)

And your god is one God. There is no deity [worthy of worship] except Him, the Most Compassionate, the Most Merciful. (163)

(4) Surah al-Baqarah (2: 255-257)

Allah! There is no god but He, -the Living, the Self-subsisting, Eternal. Neither drowsiness overtakes Him nor sleep. To Him belongs whatever is in the heavens and whatever is on the earth. Who is it that can intercede with Him except by His permission? He knows what is [presently] before them and what will be after them, and they encompass not a thing of His knowledge except for what He wills. His Kursi extends over the heavens and the earth, and their preservation tires Him not. And He is the Most High, the Most Great. (255) There shall be no compulsion in [acceptance of] the religion. The right course has become clear from the wrong. So whoever disbelieves in Taghut and believes in Allah has grasped the most trustworthy handhold with no break in it. And Allah is Hearing and Knowing. (256) Allah is the ally of those who believe. He brings them out from darknesses into the light. And those who disbelieve - their allies are Taghut. They take them out of the light into darknesses. Those are the companions of the Fire; they will abide eternally therein. (257)

(5) Surah al-Baqarah (2: 284-286

To Allah belongs whatever is in the heaven and whatever is in the earth. Whether you sho what is within yourselves or conceal it, Allah will bring you to account for it. Then He will forgive whom He wills and punish whom He wills, and Allah is over all things competent. (284) The Messenger has believed in what wa revealed to him from his Lord, and [so have] th believers. All of them have believed in Allah an His angels and His books and His messengers, [saying], "We make no distinction between an of His messengers." And they say, "We hear an we obey. [We seek] Your forgiveness, our Lord and to You is the [final] destination."(285) Allah does not charge a soul except [with that within] its capacity. It will have [the consequence of] what [good] it has gained, and it will bear [the consequence of] what [evil] it has earned. "Our Lord, do not impose blame upon us if we have forgotten or erred. Our Lord and lay not upon us a burden like that which You laid upon those before us. Our Lord, and burden us not with that which we have no ability to bear. And pardon us; and forgive us; and have mercy upon us. You are our protector, so give us victory over the disbelieving people."(286)

(6) Surah Aali Imran (3: 18)

Allah witnesses that there is no deity except Him, and [so do] the angels and those of knowledge - [that He is] maintaining [creation] in justice. There is no deity except Him, the Exalted in Might, the Wise.(18)

(7) Surah Aali Imran (3: 26-27)

Say, "O Allah, Owner of Sovereignty, You give sovereignty to whom You will and You take sovereignty away from whom You will. You honour whom You will and You humble whom You will. In Your hand is [all] good. Indeed, You are over all things competent. (26) You cause the night to enter the day, and You cause the day to enter the night; and You bring the living out of the dead, and You bring the dead out of the living. And You give provision to whom You will without account."(27)

(8) Surah al-A‘raf (7: 54-56)

Your Guardian-Lord is Allah, Who created the heavens and the earth in six days, and is firmly established on the throne (of authority): He draweth the night as a veil o'er the day, each seeking the other in rapid succession: He created the sun, the moon, and the stars, (all) governed by laws under His command. Is it not His to create and to govern? Blessed be Allah, the Cherisher and Sustainer of the worlds! (54) Call on your Lord with humility and in private: for Allah loveth not those who trespass beyond bounds. (55) Do no mischief on the earth, after it hath been set in order, but call on Him with fear and longing (in your hearts): for the Mercy of Allah is (always) near to those who do good. (56)

(9) Surah al-Isra' (17: 110-111)

Say, "Call upon Allah, or call upon Rahman: by whatever name ye call upon Him, (it is well): for to Him belong the Most Beautiful Names. Neither speak thy Prayer aloud, nor speak it in a low tone, but seek a middle course between." (110) Say, "Praise be to Allah, who begets no son, and has no partner in (His) dominion: Nor (needs) He any to protect Him from humiliation: yea, magnify Him for His greatness and glory!" (111)

(10) Surah al-Mu'minun (23: 115-118

"Did ye then think that We had created you in jest, and that ye would not be brought back to Us (for account)?" (115) Therefore exalted be Allah, the King, the Reality: there is no god but He, the Lord of the Throne of Honour! (116) If anyone invokes, besides Allah, Any other god, he has no authority therefore; and his reckoning

will be only with his Lord! and verily the Unbelievers will fail to win through! (117) So say: "O my Lord! grant Thou forgiveness and mercy for Thou art the Best of those who show mercy!" (118)

(11) Surah al-Saffat (37: 1-11)

By those [angels] lined up in rows(1) And those who drive [the clouds](2) And those who recite the message,(3) Indeed, your God is One,(4) Lord of the heavens and the earth and that between them and Lord of the sunrises.(5) Indeed, We have adorned the nearest heaven with an adornment of stars(6) And as protection against every rebellious devil(7) [So] they may not listen to the exalted assembly [of angels] and are pelted from every side,(8) Repelled; and for them is a constant punishment,(9) Except one who snatches [some words] by theft, but they are pursued by a burning flame, piercing [in brightness].(10) Then inquire of them, [O Muhammad], "Are they a stronger [or more difficult] creation or those [others] We have created?" Indeed, We created men from sticky clay.(11)

(12) Surah al-Rahman (55: 33-40)

O company of jinn and mankind, if you are able to pass beyond the regions of the heavens and the earth, then pass. You will not pass except by authority [from Allah].(33) So which of the favors of your Lord would you deny?(34) There will be sent upon you a flame of fire and smoke, and you will not defend yourselves.(35) So which of the favors of your Lord would you deny?(36) And when the heaven is split open and becomes rose-colored like oil -(37) So which of the favors of your Lord would you deny? -(38) Then on that Day none will be asked about his sin among men or jinn.(39) So which of the favors of your Lord would you deny?(40)

(13) Surah al-Hashar (59: 21-24)

Had We sent down this Qur'an on a mountain, verily, thou wouldst have seen it humble itself and cleave asunder for fear of Allah. Such are the similitude which We propound to men, that they may reflect. (21) Allah is He, than Whom there is no other god;- Who knows (all things) both secret and open; He, Most Gracious, Most Merciful. (22) Allah is He, than Whom there is no other god;- the Sovereign, the Holy One, the Source of Peace (and Perfection), the Guardian of Faith, the Preserver of Safety, the Exalted in Might, the Irresistible, the Supreme: Glory to Allah! (High is He) above the partners they attribute to Him. (23) He is Allah, the Creator, the Evolve-er, the Bestow-er of Forms (or Colours). To Him belong the Most Beautiful Names: whatever is in the heavens and on earth, doth declare His Praises and Glory: and He is the Exalted in Might, the Wise. (24)

(14) Surah al-Jinn (72: 1-4)

Say, [O Muhammad], "It has been revealed to me that a group of the jinn listened and said, Indeed, we have heard an amazing Qur'an.(1) It guides to the right course, and we have believed in it. And we will never associate with our Lord anyone.(2) And [it teaches] that exalted is the nobleness of our Lord; He has not taken a wife or a son(3) And that our foolish one has been saying about Allah an excessive transgression.(4)

(15) Surah al-Kafirun (109: 1-6)

In the name of Allah, Most Gracious, Most Merciful. Say, "O disbelievers,(1) I do not worship what you worship.(2) Nor are you worshippers of what I worship.(3) Nor will I be a worshipper of what you worship.(4) Nor will you be worshippers of what I worship.(5) For you is your religion, and for me is my religion."(6)

(16) Surah al-Ikhlas (112: 1-4)

In the name of Allah, Most Gracious, Most Merciful. Say: He is Allah, the One and Only; (1) Allah, the Eternal, Absolute; (2) He begotten not, nor is He begotten; (3) And there is none like unto Him. (4)

(17) Surah al-Falaq (113: 1-5)

In the name of Allah, Most Gracious, Most Merciful. Say, "I seek refuge with the Lord of the Dawn (1) From the mischief of created things; (2) From the mischief of Darkness as it overspreads; (3) From the mischief of those who practise secret arts; (4) And from the mischief of the envious one as he practises envy (5)

(18) Surah al-Nas (114: 1-6)

In the name of Allah, Most Gracious, Most Merciful. Say: I seek refuge with the Lord and Cherisher of Mankind, (1) The King (or Ruler) of Mankind, (2) The god (or judge) of Mankind,- (3) From the mischief of the Whisperer (of Evil), who withdraws (after his whisper),- (4) (The same) who whispers into the hearts of Mankind, (5) Among Jinns and among men. (6)

RATIB AL-HADDAD

اَلْفَاتِحَة إِلَى رُوحِ صَاحِبِ الرَّاتِبِ اَلْقُطْبِ الْإِرْشَادِ الْحَبِيبِ
عَبْدِ اللهِ بْنِ عَلَوِيّ الْحَدَّاد، وَإِلَى حَضْرَةِ النَّبِيِّ مُحَمَّدٍ صَلَّى اللهُ
عَلَيْهِ وَسَلَّمَ، اَلْفَاتِحَة

Surah al-Fatihah

بِسْمِ ٱللَّهِ ٱلرَّحْمَٰنِ ٱلرَّحِيمِ ﴿١﴾
ٱلْحَمْدُ لِلَّهِ رَبِّ ٱلْعَٰلَمِينَ ﴿٢﴾ ٱلرَّحْمَٰنِ ٱلرَّحِيمِ ﴿٣﴾ مَٰلِكِ
يَوْمِ ٱلدِّينِ ﴿٤﴾ إِيَّاكَ نَعْبُدُ وَإِيَّاكَ نَسْتَعِينُ ﴿٥﴾ ٱهْدِنَا ٱلصِّرَٰطَ
ٱلْمُسْتَقِيمَ ﴿٦﴾ صِرَٰطَ ٱلَّذِينَ أَنْعَمْتَ عَلَيْهِمْ غَيْرِ ٱلْمَغْضُوبِ
عَلَيْهِمْ وَلَا ٱلضَّآلِّينَ ﴿٧﴾

Ayat al-Kursi

ٱللَّهُ لَآ إِلَٰهَ إِلَّا هُوَ ٱلْحَىُّ ٱلْقَيُّومُ ۚ لَا تَأْخُذُهُۥ سِنَةٌ وَلَا
نَوْمٌ ۚ لَّهُۥ مَا فِى ٱلسَّمَٰوَٰتِ وَمَا فِى ٱلْأَرْضِ ۗ مَن ذَا ٱلَّذِى
يَشْفَعُ عِندَهُۥٓ إِلَّا بِإِذْنِهِۦ ۚ يَعْلَمُ مَا بَيْنَ أَيْدِيهِمْ وَمَا
خَلْفَهُمْ ۖ وَلَا يُحِيطُونَ بِشَىْءٍ مِّنْ عِلْمِهِۦٓ إِلَّا بِمَا شَآءَ ۚ

وَسِعَ كُرْسِيُّهُ ٱلسَّمَٰوَٰتِ وَٱلْأَرْضَ ۖ وَلَا يَـُٔودُهُۥ حِفْظُهُمَا ۚ
وَهُوَ ٱلْعَلِىُّ ٱلْعَظِيمُ ﴿٢٥٥﴾

Conclusion of Surah al-Baqarah

ءَامَنَ ٱلرَّسُولُ بِمَآ أُنزِلَ إِلَيْهِ مِن رَّبِّهِۦ وَٱلْمُؤْمِنُونَ ۚ كُلٌّ
ءَامَنَ بِٱللَّهِ وَمَلَٰٓئِكَتِهِۦ وَكُتُبِهِۦ وَرُسُلِهِۦ لَا نُفَرِّقُ بَيْنَ أَحَدٍ
مِّن رُّسُلِهِۦ ۚ وَقَالُوا۟ سَمِعْنَا وَأَطَعْنَا ۖ غُفْرَانَكَ رَبَّنَا وَإِلَيْكَ
ٱلْمَصِيرُ ﴿٢٨٥﴾ لَا يُكَلِّفُ ٱللَّهُ نَفْسًا إِلَّا وُسْعَهَا ۚ لَهَا مَا
كَسَبَتْ وَعَلَيْهَا مَا ٱكْتَسَبَتْ ۗ رَبَّنَا لَا تُؤَاخِذْنَآ إِن نَّسِينَآ
أَوْ أَخْطَأْنَا ۚ رَبَّنَا وَلَا تَحْمِلْ عَلَيْنَآ إِصْرًا كَمَا حَمَلْتَهُۥ
عَلَى ٱلَّذِينَ مِن قَبْلِنَا ۚ رَبَّنَا وَلَا تُحَمِّلْنَا مَا لَا طَاقَةَ لَنَا
بِهِۦ ۖ وَٱعْفُ عَنَّا وَٱغْفِرْ لَنَا وَٱرْحَمْنَآ ۚ أَنتَ مَوْلَىٰنَا فَٱنصُرْنَا
عَلَى ٱلْقَوْمِ ٱلْكَٰفِرِينَ ﴿٢٨٦﴾

The First Dhikr

لَا إِلَـٰهَ إِلَّا اللهُ وَحْدَهُ لَا شَرِيكَ لَهُ، لَهُ الْمُلْكُ وَلَهُ الْحَمْدُ يُحْيِي
وَيُمِيتُ وَهُوَ عَلَى كُلِّ شَيْءٍ قَدِيرٌ ﴿٣﴾

The Second Dhikr

سُبْحَانَ اللهِ وَالْحَمْدُ لِلهِ وَلَا إِلَـهَ إِلَّا اللهُ وَاللهُ أَكْبَرُ ﴿٣﴾

The Third Dhikr

سُبْحَانَ اللهِ وَبِحَمْدِهِ، سُبْحَانَ اللهِ الْعَظِيم ﴿٣﴾

The Fourth Dhikr

رَبَّنَا اغْفِرْ لَنَا وَتُبْ عَلَيْنَا، إِنَّكَ أَنْتَ التَّوَّابُ الرَّحِيمُ ﴿٣﴾

The Fifth Dhikr

اَللَّهُمَّ صَلِّ عَلَى سَيِّدِنَا مُحَمَّدٍ، اَللَّهُمَّ صَلِّ عَلَيْهِ وَسَلِّمْ ﴿٣﴾

The Sixth Dhikr

أَعُوذُ بِكَلِمَاتِ اللهِ التَّآمَّاتِ مِنْ شَرِّ مَا خَلَقَ ﴿٣﴾

The Seventh Dhikr

بِسْمِ اللهِ الَّذِي لَا يَضُرُّ مَعَ اسْمِهِ شَيْءٌ فِي الْأَرْضِ وَلَا فِي السَّمَآءِ
وَهُوَ السَّمِيعُ الْعَلِيمُ ﴿٣﴾

The Eighth Dhikr

رَضِينَا بِاللهِ رَبًّا وَبِالْإِسْلَامِ دِينًا وَبِسَيِّدِنَا مُحَمَّدٍ نَبِيًّا ﴿٣﴾

The Ninth Dhikr

بِسْمِ اللهِ وَالْحَمْدُ لِلهِ وَالْخَيْرُ وَالشَّرُّ بِمَشِيئَةِ اللهِ ﴿٣﴾

The Tenth Dhikr

آمَنَّا بِاللهِ وَالْيَوْمِ الْآخِرِ، تُبْنَا إِلَى اللهِ بَاطِنًا وَظَاهِرًا ﴿٣﴾

The Eleventh Dhikr

يَا رَبَّنَا وَاعْفُ عَنَّا وَامْحُ الَّذِي كَانَ مِنَّا ﴿٣﴾

The Twelfth Dhikr

يَا ذَا الْجَلَالِ وَالْإِكْرَامِ، أَمِتْنَا عَلَى دِينِ الْإِسْلَامِ ﴿٧﴾

The Thirteenth Dhikr

يَا قَوِيُّ، يَا مَتِينُ، إِكْفِ شَرَّ الظَّالِمِينَ ﴿٣﴾

The Fourteenth Dhikr

أَصْلَحَ اللهُ أُمُورَ الْمُسْلِمِينَ، صَرَفَ اللهُ شَرَّ الْمُؤْذِينَ ﴿٣﴾

The Fifteenth Dhikr

يا عَلِيُّ، يا كَبِيرُ، يا عَلِيمُ، يا قَدِيرُ، يا سَمِيعُ، يا بَصِيرُ، يا لَطِيفُ
يا خَبِيرُ ﴿٣﴾

The Sixteenth Dhikr

يَا فَارِجَ الْهَمِّ، يَا كَاشِفَ الْغَمِّ، يَا مَنْ لِعَبْدِهِ يَغْفِرُ وَيَرْحَمُ ﴿٣﴾

The Seventeenth Dhikr

اَسْتَغْفِرُ اللهَ رَبَّ الْبَرَايَا، اَسْتَغْفِرُ اللهَ مِنَ الْخَطَايَا ﴿٤﴾

Tawhid: There is no God but Allah

لَا إِلَـهَ إِلَّا اللهُ ﴿١٠٠٠/١٠٠/٥٠﴾

The Eighteenth Dhikr

لَا إِلَـهَ إِلَّا اللهُ مُحَمَّدٌ رَسُولُ اللهِ صَلَّى اللهُ عَلَيْهِ وَآلِهِ وَسَلَّمَ، وَشَرَّفَ وَكَرَّمَ وَمَجَّدَ وَعَظَّمَ وَرَضِيَ اللهُ تَعَالَى عَنْ أَهْلِ بَيْتِهِ الْمُطَهَّرِينَ وَأَصْحَابِهِ الْمُهْتَدِينَ وَالتَّابِعِينَ لَهُمْ بِإِحْسَانٍ إِلَى يَوْمِ الدِّينِ، وَعَلَيْنَا مَعَهُمْ وَفِيهِمْ بِرَحْمَتِكَ يَا أَرْحَمَ الرَّاحِمِينَ

Surah al-Ikhlas

بِسْمِ ٱللَّهِ ٱلرَّحْمَٰنِ ٱلرَّحِيمِ

ل هُوَ ٱللَّهُ أَحَدٌ ﴿١﴾ ٱللَّهُ ٱلصَّمَدُ ﴿٢﴾ لَمْ يَلِدْ وَلَمْ

يُولَدْ ﴿٣﴾ وَلَمْ يَكُن لَّهُۥ كُفُوًا أَحَدٌۢ ﴿٤﴾ ﴿٤﴾

Surah al-Falaq

بِسْمِ ٱللَّهِ ٱلرَّحْمَٰنِ ٱلرَّحِيمِ

قُلْ أَعُوذُ بِرَبِّ ٱلْفَلَقِ ﴿١﴾ مِن شَرِّ مَا خَلَقَ ﴿٢﴾

وَمِن شَرِّ غَاسِقٍ إِذَا وَقَبَ ﴿٣﴾ وَمِن شَرِّ ٱلنَّفَّٰثَٰتِ فِى

ٱلْعُقَدِ ﴿٤﴾ وَمِن شَرِّ حَاسِدٍ إِذَا حَسَدَ ﴿٥﴾

Surah al-Nas

بِسْمِ ٱللَّهِ ٱلرَّحْمَٰنِ ٱلرَّحِيمِ

قُلْ أَعُوذُ بِرَبِّ ٱلنَّاسِ ﴿١﴾ مَلِكِ ٱلنَّاسِ ﴿٢﴾ إِلَٰهِ

ٱلنَّاسِ ﴿٣﴾ مِن شَرِّ ٱلْوَسْوَاسِ ٱلْخَنَّاسِ ﴿٤﴾ ٱلَّذِى

يُوَسْوِسُ فِى صُدُورِ ٱلنَّاسِ ﴿٥﴾ مِنَ ٱلْجِنَّةِ وَٱلنَّاسِ

﴿٦﴾

Al-Fatihah (For the Messenger of Allah)

اَلْفَاتِحَةَ إِلَى رُوحِ سَيِّدِنَا رَسُولِ اللهِ مُحَمَّدِ بْنِ عَبْدِ اللهِ،
ثُمَّ إِلَى رُوحِ المُهَاجِرِ إِلَى اللهِ سَيِّدِنَا أَحْمَدِ بْنِ عِيسَى،
ثُمَّ إِلَى رُوحِ الْأُسْتَاذِ الْأَعْظَمِ بَابِ الْعَلَوِيِّينَ سَيِّدِنَا
الْفَقِيهِ الْمُقَدَّمِ مُحَمَّدِ بِن عَلِيّ بَا عَلَوِي وَأُصُولِهِمْ
وَفُرُوعِهِمْ، أَنَّ اللهَ يُعْلِي دَرَجَاتِهِمْ فِي الْجَنَّةِ وَيَنْفَعُنَا
بِهِمْ وَبِأَسْرَارِهِمْ وَأَنْوَارِهِمْ وَعُلُومِهِمْ وَبَرَكَاتِهِمْ
وَنَفَحَاتِهِمْ وَإِمْدَادِهِمْ فِي الدِّينِ وَالدُّنْيَا وَالْآخِرَةِ،
اَلْفَاتِحَةَ أَثَابَكُمُ الله

Al-Fatihah (For all Sufi Masters)

ثُمَّ اَلْفَاتِحَةَ إِلَى أَرْوَاحِ سَادَاتِنَا الصُّوفِيَّةِ أَيْنَمَا كَانُوا
حَلَّتْ أَرْوَاحُهُمْ فِي مَشَارِقِ الْأَرْضِ وَمَغَارِبِهَا، أَنَّ اللهَ
يُعْلِي دَرَجَاتِهِمْ فِي الْجَنَّةِ وَيَنْفَعُنَا بِهِمْ وَبِأَسْرَارِهِمْ
وَأَنْوَارِهِمْ وَعُلُومِهِمْ وَبَرَكَاتِهِمْ وَنَفَحَاتِهِمْ وَإِمْدَادِهِمْ فِي
الدِّينِ وَالدُّنْيَا وَالْآخِرَةِ، الْفَاتِحَةَ أَثَابَكُمُ الله

Al-Fatihah (For the Master of the Ratib)

اَلْفَاتِحَة إِلَى رُوحِ صَاحِبِ الرَّاتِبِ، قُطْبِ الْإِرْشَادِ وَغَوْثِ الْعِبَادِ وَالْبِلَادِ سَيِّدِنَا الْإِمَامِ الْحَبِيبِ عَبْدِ اللهِ بِنْ عَلَوِي الْحَدَّادِ وَأُصُولِهِ وَفُرُوعِهِ، أَنَّ اللهَ يُعْلِي دَرَجَاتِهِمْ فِي الْجَنَّةِ وَيَنْفَعُنَا بِهِمْ وَبِأَسْرَارِهِمْ وَأَنْوَارِهِمْ وَعُلُومِهِمْ وَبَرَكَاتِهِمْ وَنَفَحَاتِهِمْ وَإِمْدَادِهِمْ فِي الدِّينِ وَالدُّنْيَا وَالْآخِرَةِ، الْفَاتِحَة أَثَابَكُمُ اللهُ

Al-Fatihah (For the Believers)

اَلْفَاتِحَة إِلَى أَرْوَاحِ كَآفَّةِ عِبَادِ اللهِ الصَّالِحِينَ وَلِوَالِدِينَا وَجَمِيعِ الْمُؤْمِنِينَ وَالْمُؤْمِنَاتِ وَالْمُسْلِمِينَ وَالْمُسْلِمَاتِ، أَنْ اللهَ يَغْفِرُ لَهُمْ وَيَرْحَمُهُمْ وَيَنْفَعُنَا بَأَسْرَارِهِمْ وبَرَكَاتِهِمْ

Al-Fatihah (For our Prophet ﷺ)

وَإِلَى حَضْرَةِ النَّبِيِّ سَيِّدِنَا مُحَمَّدٍ صَلَّى اللهُ عَلَيْهِ وَسَلَّمَ، اَلْفَاتِحَة

The Nineteenth Dhikr

للَّهُمَّ إِنَّا نَسْأَلُكَ رِضَاكَ وَالْجَنَّةَ وَنَعُوذُ بِكَ مِنْ سَخَطِكَ وَالنَّارِ

﴿٣﴾

Transliteration

Al-Fātiḥa ilā rūḥi Sāḥibi r-Rātibi l-Quṭbi l-Irshādi l-Ḥabībi ʿAbdi Llāhi bni ʿAlawī al-Ḥaddād, wa ilā ḥaḍrati n-nabiyyi Muḥammadin ṣalla Llāhu ʿalayhi wa ṣallam, al-Fātiḥa.

Surah al-Fatihah

Bismi Llāhi r-Raḥmāni r-Raḥīm, Al-ḥamdu li Llāhi Rabbi l-ʿālamīn, ar-Raḥmāni r-Raḥīm, Māliki yawmi d-dīn, iyyāka naʿbudu wa iyyāka nastaʿīn, ihdinā ṣ-ṣirāṭa l-mustaqīm, ṣirāṭa lladhīna anʿamta ʿalayhim ghayri l-maghḍūbi ʿalayhim wa la ḍ-ḍāllīn.

Ayat al-Kursi

Allāhu lā ilāha illā Huwa l-Ḥayyu l-Qayyūm, lā ta'khudhuhu sinatun wa lā nawm, lahu mā fi s-samāwāti wa mā fi l-arḍ, man dha lladhī yashfaʿu ʿindahu illā bi idhnih, yaʿlamu mā bayna aydīhim wa mā khalfahum wa lā yuḥīṭūna bi shay'in min ʿilmihī illā bimā shā'a, wasiʿa kursiyyuhu s-samāwāti wa l-arḍ, wa lā ya'ūduhu ḥifẓuhumā wa Huwa l-ʿAliyyu l-ʿAẓīm.

Conclusion of Surah al-Baqarah

Āmana r-Rasūlu bi mā unzila ilayhi min r-Rabbihī wa l-mu'minūn, kullun āmana bi Llāhi wa malā'ikatihi wa kutubihi wa rusulih, lā nufarriqu bayna aḥadin min rusulih, wa qālū samiʿnā wa aṭaʿnā ghufrānaka Rabbanā wa ilayka l-maṣīr. Lā yukallifu Llāhu nafsan illā wusʿahā, lahā mā kasabat wa ʿalayhā ma-ktasabat, Rabbanā lā tu'ākhidhnā in nasīnā aw akhṭa'nā, Rabbanā wa lā taḥmil ʿalaynā iṣran kamā ḥamaltahū ʿala lladhīna min qablinā, Rabbanā wa lā tuḥammilnā mā lā ṭāqata lanā bih, waʿfu ʿannā wa-ghfir lanā wa-rḥamnā, Anta mawlānā fa-nṣurnā ʿala l-qawmi l-kāfirīn.

The First Dhikr

Lā ilāha illa Llāhu waḥdahu lā sharīka lahu, lahu l-mulku wa lahu l-ḥamdu yuḥyī wa yumītu wa Huwa ʿalā kulli shay'in Qadīr. (x3)

The Second Dhikr

Subḥāna Llāhi wa l-ḥamdu li-Llāhi wa lā ilāha illa Llāhu wa Llāhu Akbar. (x3)

The Third Dhikr

Subḥāna Llāhi wa bi ḥamdihi, subḥāna Llāhi l-ʿAẓīm. (x3)

The Fourth Dhikr

Rabbanā aghfir lanā wa tub ʿalaynā, innaka Anta t-Tawwābu r-Raḥīm. (x3)

The Fifth Dhikr

Allāhumma ṣalli ʿalā Sayyidinā Muḥammadin, Allāhumma ṣalli ʿalayhi wa sallim. (x3)

The Sixth Dhikr

Aʿūdhu bi kalimāti Llāhi t-tāmmāti min sharri mā khalaq. (x3)

The Seventh Dhikr

Bismi Llāhi lladhī lā yaḍurru maʿa-smihi shay'un fi l-arḍi wa lā fi s-samā'i wa Huwa s-Samīʿu l-ʿAlīm. (x3)

The Eighth Dhikr

Raḍīnā bi Llāhi Rabban wa bi l-Islāmi dīnan wa bi Sayyidinā Muḥammadin nabiyā. (x3)

The Ninth Dhikr

Bismi Llāhi wa l-ḥamdu li-Llāhi wa l-khayru wa sh-sharru bi mashī'ati Llāh. (x3)

The Tenth Dhikr

Āmannā bi Llāhi wa l-yawmi l-ākhiri, tubnā ila Llāhi bāṭinan wa ẓāhirā. (x3)

The Eleventh Dhikr

Yā Rabbanā waʿfu ʿannā wamḥu lladhī kāna minnā. (x3)

The Twelfth Dhikr

Yā dha l-Jalāli wa l-lkrām, amitnā ʿala dīni l-Islām. (x7)

The Thirteenth Dhikr

Yā Qawiyyu, Yā Matīnu, ikfi sharra ẓ-ẓālimīn (x3)

The Fourteenth Dhikr

Aṣlaḥa Llāhu umūra l-Muslimīna, ṣarafa Llāhu sharra l-mu'dhīn. (x3)

The Fifteenth Dhikr

Yā ʿAliyyu, Yā Kabīru, Yā ʿAlīmu, Yā Qadīru, Yā Samīʿu, Yā Baṣīru, Yā Laṭīfu, Yā Khabīr. (x3)

The Sixteenth Dhikr

Yā Fārija l-hammi, Yā Kāshifa l-ghammi, Yā man li-ʿabdihi yaghfiru wa yarḥam. (x3)

The Seventeenth Dhikr

Astaghfiru Llāha Rabba l-barāyā, astaghfiru Llāha mina l-khaṭāyā. (x4)

Tawhid: There is no God but Allah

Lā ilāha illa Llāh. (x50/100/1000).

The Eighteenth Dhikr

Lā ilāha illa Llāhu Muḥammadu r-Rasūlu Llāh ṣalla Llāhu ʿalayhi wa ṣallama, wa sharrafa wa karrama wa majjada wa ʿaẓẓama wa raḍiya Llāhu ʿan ahli baytihi l-muṭṭaharīna wa aṣḥābihi l-muhtadīna wa t-tābiʿīna lahum bi iḥsānin ilā yawmi d-dīn, wa ʿalaynā maʿahum wa fīhim bi raḥmatika Yā Arḥama r-Rāḥimīn.

Surah al-Ikhlas

Bismi Llāhi r-Raḥmāni r-Raḥīm
Qul Huwa Llāhu aḥad, Allāhu ṣ-Ṣamad, lam yalid wa lam yūlad, wa lam yakun lahu kufuwan aḥad. (x3)

Surah al-Falaq

Bismi Llāhi r-Raḥmāni r-Raḥīm
Qul aʿūdhu bi Rabbi l-falaq, min sharri mā khalaq, wa min sharri ghāsiqin idhā waqab, wa min sharri n-naffāthāti fi l-ʿuqad, wa min sharri ḥāsidin idhā ḥasad.

Surah al-Nas

Bismi Llāhi r-Raḥmāni r-Raḥīm
Qul aʿūdhu bi Rabbi n-nās, Maliki n-nās, Ilāhi n-nās, min sharri l-waswāsi l-khannās, al-ladhī yuwaswisu fī ṣudūri n-nās, mina l-jinnati wa n-nās.

Al-Fatihah (For the Prophet)

Al-Fātiḥa ilā rūḥi Sayyidinā Rasūli Llāhi Sayyidinā Muḥammadi bni ʿAbdi Llāhi (ṣalla Llāhu ʿalayhi wa ṣallam), thumma ilā rūḥi l-Muhājir ila Llāhi Sayyidinā Aḥmadi bni ʿĪsā, thumma ilā rūḥi l-ustādhi l-Aʿẓam bābi l-

ʿAlawiyyīna Sayyidina l-Faqīhi l-Muqaddami Muḥammadi bni ʿAliyyi Bā ʿAlawī wa uṣūlihim wa furūʿihim, anna Llāha yuʿlī darajātihim fi l-Jannati wa yanfaʿunā bihim wa bi asrārihim wa anwārihim wa ʿulūmihim wa barakātihim wa nafaḥātihim wa imdādihim fi d-dīni wa d-dunyā wa l-ākhirati, al-Fātiḥa athābakumu Llāh.

Al-Fatihah (For all Sufi Masters)

Thumma l-Fātiḥa ilā arwāḥi Sādātina ṣ-Ṣūfiyyati aynamā kānū ḥallat arwāḥuhum fī mashāriqi l-arḍi wa maghāribihā, anna Llāha yuʿlī darajātihim fi l-Jannati wa yanfaʿunā bihim wa bi asrārihim wa anwārihim wa ʿulūmihim wa barakātihim wa nafaḥātihim wa imdādihim fi d-dīni wa d-dunyā wa l-ākhirati, al-Fātiḥa athābakumu Llāh.

Al-Fatihah (For the Master of the Ratib)

Al-Fātiḥa ilā rūḥi Ṣāḥibi r-Rātibi Quṭbi l-Irshādi wa Ghawthi l-bilādi Sayyidina l-Imāmi l-Ḥabībi ʿAbdi Llāhi bni ʿAlawiyyi l-Ḥaddād wa uṣūlihi wa furūʿihi, anna Llāha yuʿlī darajātihim fi l-Jannati wa yanfaʿunā bihim wa bi asrārihim wa anwārihim wa

ʿulūmihim wa barakātihim wa nafaḥātihim wa imdādihim fi d-dīni wa d-dunyā wa l-ākhirati, al-Fātiḥa athābakumu Llāh.

Al-Fatihah (For the Believers)

Al-Fātiḥa ilā arwāḥi kāffati ʿibādi Llāhi ṣ-ṣāliḥīna wa li wālidīnā wa jamīʿi l-mu'minīna wa l-mu'mināti wa l-muslimīna wa l-muslimāti, anna Llāha yaghfiru lahum wa yarḥamuhum wa yanfaʿunā bi asrārihim wa barakātihim.

Al-Fatihah (For our Prophet ﷺ)

Wa ilā ḥaḍrati n-nabiyyi Sayyidinā Muḥammadin ṣalla Llāhu ʿalayhi wa ṣallam, al-Fātiḥa.

The Nineteenth Dhikr

Allāhumma innā nas'aluka riḍaka wa l-jannata wa naʿūdhu bika min sakhaṭika wa n-nār. (x3)

Translation

Surah al-Fatihah (1: 1-7)

In the name of Allah, Most Gracious, Most Merciful. (1) Praise be to Allah, the Cherisher and Sustainer of the worlds; (2) Most Gracious, Most Merciful; (3) Master of the Day of Judgment. (4) Thee do we worship, and Thine aid we seek. (5) Show us the straight way, (6) The way of those on whom Thou hast bestowed Thy Grace, those whose (portion) is not wrath, and who go not astray. (7)

Ayat al-Kursi

Allah! There is no god but He,-the Living, the Self-subsisting, Eternal. Neither drowsiness overtakes Him nor sleep. To Him belongs whatever is in the heavens and whatever is on the earth. Who is it that can intercede with Him except by His permission? He knows what is [presently] before them and what will be after them, and they encompass not a thing of His knowledge except for what He wills. His Kursi extends over the heavens and the earth, and their preservation tires Him not. And He is the Most High, the Most Great.

Conclusion of Surah al-Baqarah

To Allah belongs whatever is in the heavens and whatever is in the earth. Whether you show what is within yourselves or conceal it Allah will bring you to account for it. Then H will forgive whom He wills and punish whom He wills, and Allah is over all things competent.(284) The Messenger has believed in what was revealed to him from his Lord, and [so have] the believers. All of them have believed in Allah and His angels and His books and His messengers, [saying], "We make no distinction between any of His messengers." And they say, "We hear and we obey. [We seek] Your forgiveness, our Lord, and to You is the [final] destination."(285) Allah does not charge a soul except [with tha within] its capacity. It will have [the consequence of] what [good] it has gained, and it will bear [the consequence of] what [evil] it has earned. "Our Lord, do not impose blame upon us if we have forgotten or erred. Our Lord, and lay not upon us a burden like that which You laid upon those before us. Ou Lord, and burden us not with that which we have no ability to bear. And pardon us; and forgive us; and have mercy upon us. You are our protector, so give us victory over the disbelieving people."(286)

The First Dhikr

None is worthy of worship except Allāh, He is One, He has no partner, His is the Kingdom and His is the praise, He gives life and He causes death and He has Power over everything.

The Second Dhikr

Glory be to Allah and all praise is for Allah and none is worthy of worship except Allah and Allah is Most Great; there is no power, no strength but from Allah.

The Third Dhikr

Allah is free from imperfection and I begin with His praise, as many times as the number of His creatures, in accordance with His Good Pleasure, equal to the weight of His Throne and equal to the ink that may be used in recording the words (for His Praise); Glory be to Allah, the Exalted.

The Fourth Dhikr

O Allah, forgive our sins and accept our repentance, for You are the Most Forgiving, the Most Merciful

The Fifth Dhikr

O Allāh! Bestow blessings on Sayidinā Muhammad, O Allāh! Bestow blessings on him and peace.

The Sixth Dhikr

I seek refuge in the Perfect Words of Allah from the evil of that which He has created.

The Seventh Dhikr

In the Name of Allah, by Whose Name nothing in the Heavens or the Earth can cause harm. He is the All-Hearing, the All-Knowing.

The Eighth Dhikr

We are pleased with Allah as our Lord, with Islam as our religion and our Master Muhammad صلى الله عليه وسلم *as our Prophet.*

The Ninth Dhikr

In the Name of Allah and Praise be to Allah, both good and evil are by the Will of Allah.

The Tenth Dhikr

We believe in Allah and the Last Day. We repent to Allah inwardly and outwardly.

The Eleventh Dhikr

Our Lord pardon us and erase whatever (sins) we may have committed.

The Twelfth Dhikr

O Possessor of Majesty and Generosity, grant us death upon the religion of Islam.

The Thirteenth Dhikr

O Mighty, O Invincible, suffice us from the evil of the unjust.

The Fourteenth Dhikr

May Allah correct the affairs of the Muslims, may Allah turn away the evil of those who harm.

The Fifteenth Dhikr

O Most High, O Most Great, O All-Knowing, O Most Able, O All- Hearing, O All-Seeing, O Most Gentle, O Most Aware.

The Sixteenth Dhikr

Reliever of grief! O Remover of distress! O You Who are to His slave Forgiving and Compassionate.

The Seventeenth Dhikr

I ask Allah for forgiveness, the Lord of creation, I ask Allah for forgiveness from all wrongdoing.

Tawhid: There is no God but Allah

The Eighteenth Dhikr

There is no God but Allah and Muhammad is the Messenger of Allah, may Allah send blessings and peace upon him, honour, venerate, extol and exalt him, and may He be pleased with his pure family, his rightly guided Companions and those who follow them with excellence until the Last Day, and may we be included therein with them, with Your mercy, O Most Merciful.

Surah al-Ikhlas

Bismi Llāhi r-Raḥmāni r-Raḥīm
In the name of Allah, Most Gracious, Most Merciful. Say: He is Allah, the One and Only; (1) Allah, the Eternal, Absolute; (2) He begotten not, nor is He begotten; (3) And there is none like unto Him. (4)

Surah al-Falaq

In the name of Allah, Most Gracious, Most Merciful. Say, "I seek refuge with the Lord of the Dawn (1) From the mischief of created things; (2) From the mischief of Darkness as it overspreads; (3) From the mischief of those who practise secret arts; (4) And from the mischief of the envious one as he practises envy. (5)

Surah al-Nas

In the name of Allah, Most Gracious, Most Merciful. Say: I seek refuge with the Lord and Cherisher of Mankind, (1) The King (or Ruler) of Mankind, (2) The god (or judge) of Mankind,- (3) From the mischief of the Whisperer (of Evil), who withdraws (after his whisper),- (4) (The same) who whispers into the hearts of Mankind, (5) Among Jinns and among men. (6)

Al-Fatihah (For the Prophet)

May the Fatihah reach the soul of our Master, the Messenger of Allah, Our Master Muhammad, the son of Abdallah, then to the soul of the one who migrated for the sake of Allah, Ahmad bin Isa, then to the soul of al-Ustadh al-Azam, the doorway to the Alawiyyin, our Master al-Faqih al-

Muqaddam, Muhammad bin Ali Ba Alawi and also their forefathers and descendants. May Allah elevate their ranks in Paradise and grant us benefit through them, their secrets lights, knowledge, blessings, breaths and spiritual aid in the religion, the world and the hereafter, al-Fatiha.

Al-Fatihah (For all Sufi Masters)

May the Fatihah reach the soul of our Sufi Masters, wherever their souls reside in the East and the West May Allah elevate their ranks in Paradise, grant us benefit through them, their secrets, lights, knowledge, blessings, breaths and spiritual aid in the religion, the world and the hereafter, al-Fatihah.

Al-Fatihah (For the Master of the Ratib)

May the Fatihah reach the soul of the Master of the Ratib, the Qutb, the Spiritual Guide, the Supreme Help of the people and the countries our master, al-lmam, al-Habib Abdallah bin Alawi al- Haddad, and his forefathers and descendants. May Allah elevate their ranks in Paradise, and grant us benefit through them, their secrets, lights, knowledge, blessings, breaths and spiritual aid in the religion, the world and the hereafter, al-Fatihah.

Al-Fatihah (For the Believers)

May the Fatihah reach the soul of all the devout, pious people, our parents, all the believing men and women and the Muslim men and women. May Allah grant them forgiveness and have mercy upon them and benefit us through their secrets and their blessings.

Al-Fatihah (For our Prophet)

And may the Fatihah reach the presence of our Master Muhammad (s), al-Fatiha.

The Nineteenth Dhikr

O Allah we seek Your Pleasure and Paradise and we seek refuge in You from Your wrath and the Fire.

YA-SEEN

بِسْمِ ٱللَّهِ ٱلرَّحْمَٰنِ ٱلرَّحِيمِ

يسٓ ﴿١﴾ وَٱلْقُرْءَانِ ٱلْحَكِيمِ ﴿٢﴾ إِنَّكَ لَمِنَ
ٱلْمُرْسَلِينَ ﴿٣﴾ عَلَىٰ صِرَٰطٍ مُّسْتَقِيمٍ ﴿٤﴾ تَنزِيلَ ٱلْعَزِيزِ
ٱلرَّحِيمِ ﴿٥﴾ لِتُنذِرَ قَوْمًا مَّآ أُنذِرَ ءَابَآؤُهُمْ فَهُمْ
غَٰفِلُونَ ﴿٦﴾ لَقَدْ حَقَّ ٱلْقَوْلُ عَلَىٰٓ أَكْثَرِهِمْ فَهُمْ لَا
يُؤْمِنُونَ ﴿٧﴾ إِنَّا جَعَلْنَا فِىٓ أَعْنَٰقِهِمْ أَغْلَٰلًا فَهِىَ إِلَى
ٱلْأَذْقَانِ فَهُم مُّقْمَحُونَ ﴿٨﴾ وَجَعَلْنَا مِنۢ بَيْنِ أَيْدِيهِمْ
سَدًّا وَمِنْ خَلْفِهِمْ سَدًّا فَأَغْشَيْنَٰهُمْ فَهُمْ لَا
يُبْصِرُونَ ﴿٩﴾ وَسَوَآءٌ عَلَيْهِمْ ءَأَنذَرْتَهُمْ أَمْ لَمْ تُنذِرْهُمْ لَا
يُؤْمِنُونَ ﴿١٠﴾ إِنَّمَا تُنذِرُ مَنِ ٱتَّبَعَ ٱلذِّكْرَ وَخَشِىَ
ٱلرَّحْمَٰنَ بِٱلْغَيْبِ ۖ فَبَشِّرْهُ بِمَغْفِرَةٍ وَأَجْرٍ كَرِيمٍ ﴿١١﴾ إِنَّا
نَحْنُ نُحْىِ ٱلْمَوْتَىٰ وَنَكْتُبُ مَا قَدَّمُوا۟ وَءَاثَٰرَهُمْ ۚ وَكُلَّ
شَىْءٍ أَحْصَيْنَٰهُ فِىٓ إِمَامٍ مُّبِينٍ ﴿١٢﴾ وَٱضْرِبْ لَهُم مَّثَلًا

أَصْحَٰبَ ٱلْقَرْيَةِ إِذْ جَآءَهَا ٱلْمُرْسَلُونَ ﴿١٣﴾ إِذْ أَرْسَلْنَآ
إِلَيْهِمُ ٱثْنَيْنِ فَكَذَّبُوهُمَا فَعَزَّزْنَا بِثَالِثٍ فَقَالُوٓا۟ إِنَّآ إِلَيْكُم
مُّرْسَلُونَ ﴿١٤﴾ قَالُوا۟ مَآ أَنتُمْ إِلَّا بَشَرٌ مِّثْلُنَا وَمَآ أَنزَلَ
ٱلرَّحْمَٰنُ مِن شَىْءٍ إِنْ أَنتُمْ إِلَّا تَكْذِبُونَ ﴿١٥﴾ قَالُوا۟ رَبُّنَا
يَعْلَمُ إِنَّآ إِلَيْكُمْ لَمُرْسَلُونَ ﴿١٦﴾ وَمَا عَلَيْنَآ إِلَّا ٱلْبَلَٰغُ
ٱلْمُبِينُ ﴿١٧﴾ قَالُوٓا۟ إِنَّا تَطَيَّرْنَا بِكُمْ ۖ لَئِن لَّمْ تَنتَهُوا۟
لَنَرْجُمَنَّكُمْ وَلَيَمَسَّنَّكُم مِّنَّا عَذَابٌ أَلِيمٌ ﴿١٨﴾ قَالُوا۟
طَٰٓئِرُكُم مَّعَكُمْ ۚ أَئِن ذُكِّرْتُم ۚ بَلْ أَنتُمْ قَوْمٌ
مُّسْرِفُونَ ﴿١٩﴾ وَجَآءَ مِنْ أَقْصَا ٱلْمَدِينَةِ رَجُلٌ يَسْعَىٰ
قَالَ يَٰقَوْمِ ٱتَّبِعُوا۟ ٱلْمُرْسَلِينَ ﴿٢٠﴾ ٱتَّبِعُوا۟ مَن لَّا يَسْـَٔلُكُمْ
أَجْرًا وَهُم مُّهْتَدُونَ ﴿٢١﴾ وَمَا لِىَ لَآ أَعْبُدُ ٱلَّذِى
فَطَرَنِى وَإِلَيْهِ تُرْجَعُونَ ﴿٢٢﴾ ءَأَتَّخِذُ مِن دُونِهِۦٓ ءَالِهَةً
إِن يُرِدْنِ ٱلرَّحْمَٰنُ بِضُرٍّ لَّا تُغْنِ عَنِّى شَفَٰعَتُهُمْ شَيْـًٔا وَلَا
يُنقِذُونِ ﴿٢٣﴾ إِنِّىٓ إِذًا لَّفِى ضَلَٰلٍ مُّبِينٍ ﴿٢٤﴾ إِنِّىٓ

ءَامَنتُ بِرَبِّكُمْ فَٱسْمَعُونِ ﴿٢٥﴾ قِيلَ ٱدْخُلِ ٱلْجَنَّةَ ۖ قَالَ
يَٰلَيْتَ قَوْمِى يَعْلَمُونَ ﴿٢٦﴾ بِمَا غَفَرَ لِى رَبِّى وَجَعَلَنِى
مِنَ ٱلْمُكْرَمِينَ ﴿٢٧﴾ ۞ وَمَآ أَنزَلْنَا عَلَىٰ قَوْمِهِۦ مِنۢ
بَعْدِهِۦ مِن جُندٍ مِّنَ ٱلسَّمَآءِ وَمَا كُنَّا مُنزِلِينَ ﴿٢٨﴾ إِن
كَانَتْ إِلَّا صَيْحَةً وَٰحِدَةً فَإِذَا هُمْ
خَٰمِدُونَ ﴿٢٩﴾ يَٰحَسْرَةً عَلَى ٱلْعِبَادِ ۚ مَا يَأْتِيهِم مِّن
رَّسُولٍ إِلَّا كَانُوا۟ بِهِۦ يَسْتَهْزِءُونَ ﴿٣٠﴾ أَلَمْ يَرَوْا۟ كَمْ
أَهْلَكْنَا قَبْلَهُم مِّنَ ٱلْقُرُونِ أَنَّهُمْ إِلَيْهِمْ لَا
يَرْجِعُونَ ﴿٣١﴾ وَإِن كُلٌّ لَّمَّا جَمِيعٌ لَّدَيْنَا
مُحْضَرُونَ ﴿٣٢﴾ وَءَايَةٌ لَّهُمُ ٱلْأَرْضُ ٱلْمَيْتَةُ أَحْيَيْنَٰهَا
وَأَخْرَجْنَا مِنْهَا حَبًّا فَمِنْهُ يَأْكُلُونَ ﴿٣٣﴾ وَجَعَلْنَا فِيهَا
جَنَّٰتٍ مِّن نَّخِيلٍ وَأَعْنَٰبٍ وَفَجَّرْنَا فِيهَا مِنَ
ٱلْعُيُونِ ﴿٣٤﴾ لِيَأْكُلُوا۟ مِن ثَمَرِهِۦ وَمَا عَمِلَتْهُ أَيْدِيهِمْ ۖ
أَفَلَا يَشْكُرُونَ ﴿٣٥﴾ سُبْحَٰنَ ٱلَّذِى خَلَقَ ٱلْأَزْوَٰجَ كُلَّهَا

مِمَّا تُنۢبِتُ ٱلْأَرْضُ وَمِنْ أَنفُسِهِمْ وَمِمَّا لَا
يَعْلَمُونَ ﴿٣٦﴾ وَءَايَةٌ لَّهُمُ ٱلَّيْلُ نَسْلَخُ مِنْهُ ٱلنَّهَارَ فَإِذَا
هُم مُّظْلِمُونَ ﴿٣٧﴾ وَٱلشَّمْسُ تَجْرِى لِمُسْتَقَرٍّ لَّهَا ۚ
ذَٰلِكَ تَقْدِيرُ ٱلْعَزِيزِ ٱلْعَلِيمِ ﴿٣٨﴾ وَٱلْقَمَرَ قَدَّرْنَٰهُ مَنَازِلَ
حَتَّىٰ عَادَ كَٱلْعُرْجُونِ ٱلْقَدِيمِ ﴿٣٩﴾ لَا ٱلشَّمْسُ يَنۢبَغِى
لَهَآ أَن تُدْرِكَ ٱلْقَمَرَ وَلَا ٱلَّيْلُ سَابِقُ ٱلنَّهَارِ ۚ وَكُلٌّ فِى
فَلَكٍ يَسْبَحُونَ ﴿٤٠﴾ وَءَايَةٌ لَّهُمْ أَنَّا حَمَلْنَا ذُرِّيَّتَهُمْ فِى
ٱلْفُلْكِ ٱلْمَشْحُونِ ﴿٤١﴾ وَخَلَقْنَا لَهُم مِّن مِّثْلِهِۦ مَا
يَرْكَبُونَ ﴿٤٢﴾ وَإِن نَّشَأْ نُغْرِقْهُمْ فَلَا صَرِيخَ لَهُمْ وَلَا
هُمْ يُنقَذُونَ ﴿٤٣﴾ إِلَّا رَحْمَةً مِّنَّا وَمَتَٰعًا إِلَىٰ
حِينٍ ﴿٤٤﴾ وَإِذَا قِيلَ لَهُمُ ٱتَّقُوا۟ مَا بَيْنَ أَيْدِيكُمْ وَمَا
خَلْفَكُمْ لَعَلَّكُمْ تُرْحَمُونَ ﴿٤٥﴾ وَمَا تَأْتِيهِم مِّنْ ءَايَةٍ
مِّنْ ءَايَٰتِ رَبِّهِمْ إِلَّا كَانُوا۟ عَنْهَا مُعْرِضِينَ ﴿٤٦﴾ وَإِذَا
قِيلَ لَهُمْ أَنفِقُوا۟ مِمَّا رَزَقَكُمُ ٱللَّهُ قَالَ ٱلَّذِينَ كَفَرُوا۟ لِلَّذِينَ

ءَامَنُوٓاْ أَنُطۡعِمُ مَن لَّوۡ يَشَآءُ ٱللَّهُ أَطۡعَمَهُۥٓ إِنۡ أَنتُمۡ إِلَّا فِى
ضَلَٰلٖ مُّبِينٖ ﴿٤٧﴾ وَيَقُولُونَ مَتَىٰ هَٰذَا ٱلۡوَعۡدُ إِن كُنتُمۡ
صَٰدِقِينَ ﴿٤٨﴾ مَا يَنظُرُونَ إِلَّا صَيۡحَةٗ وَٰحِدَةٗ تَأۡخُذُهُمۡ
وَهُمۡ يَخِصِّمُونَ ﴿٤٩﴾ فَلَا يَسۡتَطِيعُونَ تَوۡصِيَةٗ وَلَآ إِلَىٰٓ
أَهۡلِهِمۡ يَرۡجِعُونَ ﴿٥٠﴾ وَنُفِخَ فِى ٱلصُّورِ فَإِذَا هُم مِّنَ
ٱلۡأَجۡدَاثِ إِلَىٰ رَبِّهِمۡ يَنسِلُونَ ﴿٥١﴾ قَالُواْ يَٰوَيۡلَنَا مَنۢ
بَعَثَنَا مِن مَّرۡقَدِنَاۜۗ هَٰذَا مَا وَعَدَ ٱلرَّحۡمَٰنُ وَصَدَقَ
ٱلۡمُرۡسَلُونَ ﴿٥٢﴾ إِن كَانَتۡ إِلَّا صَيۡحَةٗ وَٰحِدَةٗ فَإِذَا هُمۡ
جَمِيعٞ لَّدَيۡنَا مُحۡضَرُونَ ﴿٥٣﴾ فَٱلۡيَوۡمَ لَا تُظۡلَمُ نَفۡسٞ
شَيۡـٔٗا وَلَا تُجۡزَوۡنَ إِلَّا مَا كُنتُمۡ تَعۡمَلُونَ ﴿٥٤﴾ إِنَّ
أَصۡحَٰبَ ٱلۡجَنَّةِ ٱلۡيَوۡمَ فِى شُغُلٖ فَٰكِهُونَ ﴿٥٥﴾ هُمۡ
وَأَزۡوَٰجُهُمۡ فِى ظِلَٰلٍ عَلَى ٱلۡأَرَآئِكِ مُتَّكِـُٔونَ ﴿٥٦﴾ لَهُمۡ
فِيهَا فَٰكِهَةٞ وَلَهُم مَّا يَدَّعُونَ ﴿٥٧﴾ سَلَٰمٞ قَوۡلٗا مِّن رَّبّٖ
رَّحِيمٖ ﴿٥٨﴾ وَٱمۡتَٰزُواْ ٱلۡيَوۡمَ أَيُّهَا ٱلۡمُجۡرِمُونَ ﴿٥٩﴾ ۞

أَلَمْ أَعْهَدْ إِلَيْكُمْ يَٰبَنِىٓ ءَادَمَ أَن لَّا تَعْبُدُوا۟ ٱلشَّيْطَٰنَ ۖ إِنَّهُۥ
لَكُمْ عَدُوٌّ مُّبِينٌ ﴿٦٠﴾ وَأَنِ ٱعْبُدُونِى ۚ هَٰذَا صِرَٰطٌ
مُّسْتَقِيمٌ ﴿٦١﴾ وَلَقَدْ أَضَلَّ مِنكُمْ جِبِلًّا كَثِيرًا ۖ أَفَلَمْ
تَكُونُوا۟ تَعْقِلُونَ ﴿٦٢﴾ هَٰذِهِۦ جَهَنَّمُ ٱلَّتِى كُنتُمْ
تُوعَدُونَ ﴿٦٣﴾ ٱصْلَوْهَا ٱلْيَوْمَ بِمَا كُنتُمْ
تَكْفُرُونَ ﴿٦٤﴾ ٱلْيَوْمَ نَخْتِمُ عَلَىٰٓ أَفْوَٰهِهِمْ وَتُكَلِّمُنَآ
أَيْدِيهِمْ وَتَشْهَدُ أَرْجُلُهُم بِمَا كَانُوا۟ يَكْسِبُونَ ﴿٦٥﴾ وَلَوْ
نَشَآءُ لَطَمَسْنَا عَلَىٰٓ أَعْيُنِهِمْ فَٱسْتَبَقُوا۟ ٱلصِّرَٰطَ فَأَنَّىٰ
يُبْصِرُونَ ﴿٦٦﴾ وَلَوْ نَشَآءُ لَمَسَخْنَٰهُمْ عَلَىٰ مَكَانَتِهِمْ
فَمَا ٱسْتَطَٰعُوا۟ مُضِيًّا وَلَا يَرْجِعُونَ ﴿٦٧﴾ وَمَن نُّعَمِّرْهُ
نُنَكِّسْهُ فِى ٱلْخَلْقِ ۖ أَفَلَا يَعْقِلُونَ ﴿٦٨﴾ وَمَا عَلَّمْنَٰهُ
ٱلشِّعْرَ وَمَا يَنۢبَغِى لَهُۥٓ ۚ إِنْ هُوَ إِلَّا ذِكْرٌ وَقُرْءَانٌ
مُّبِينٌ ﴿٦٩﴾ لِّيُنذِرَ مَن كَانَ حَيًّا وَيَحِقَّ ٱلْقَوْلُ عَلَى
ٱلْكَٰفِرِينَ ﴿٧٠﴾ أَوَلَمْ يَرَوْا۟ أَنَّا خَلَقْنَا لَهُم مِّمَّا عَمِلَتْ

أَيْدِينَآ أَنْعَٰمًا فَهُمْ لَهَا مَٰلِكُونَ ﴿٧١﴾ وَذَلَّلْنَٰهَا لَهُمْ فَمِنْهَا
رَكُوبُهُمْ وَمِنْهَا يَأْكُلُونَ ﴿٧٢﴾ وَلَهُمْ فِيهَا مَنَٰفِعُ
وَمَشَارِبُ ۖ أَفَلَا يَشْكُرُونَ ﴿٧٣﴾ وَٱتَّخَذُوا۟ مِن دُونِ ٱللَّهِ
ءَالِهَةً لَّعَلَّهُمْ يُنصَرُونَ ﴿٧٤﴾ لَا يَسْتَطِيعُونَ نَصْرَهُمْ
وَهُمْ لَهُمْ جُندٌ مُّحْضَرُونَ ﴿٧٥﴾ فَلَا يَحْزُنكَ قَوْلُهُمْ ۘ
إِنَّا نَعْلَمُ مَا يُسِرُّونَ وَمَا يُعْلِنُونَ ﴿٧٦﴾ أَوَلَمْ يَرَ ٱلْإِنسَٰنُ
أَنَّا خَلَقْنَٰهُ مِن نُّطْفَةٍ فَإِذَا هُوَ خَصِيمٌ
مُّبِينٌ ﴿٧٧﴾ وَضَرَبَ لَنَا مَثَلًا وَنَسِىَ خَلْقَهُۥ ۖ قَالَ مَن
يُحْىِ ٱلْعِظَٰمَ وَهِىَ رَمِيمٌ ﴿٧٨﴾ قُلْ يُحْيِيهَا ٱلَّذِىٓ
أَنشَأَهَآ أَوَّلَ مَرَّةٍ ۖ وَهُوَ بِكُلِّ خَلْقٍ عَلِيمٌ ﴿٧٩﴾ ٱلَّذِى
جَعَلَ لَكُم مِّنَ ٱلشَّجَرِ ٱلْأَخْضَرِ نَارًا فَإِذَآ أَنتُم مِّنْهُ
تُوقِدُونَ ﴿٨٠﴾ أَوَلَيْسَ ٱلَّذِى خَلَقَ ٱلسَّمَٰوَٰتِ وَٱلْأَرْضَ
بِقَٰدِرٍ عَلَىٰٓ أَن يَخْلُقَ مِثْلَهُم ۚ بَلَىٰ وَهُوَ ٱلْخَلَّٰقُ
ٱلْعَلِيمُ ﴿٨١﴾ إِنَّمَآ أَمْرُهُۥٓ إِذَآ أَرَادَ شَيْـًٔا أَن يَقُولَ لَهُۥ كُن

فَيَكُونُ ﴿٨٢﴾ فَسُبْحَٰنَ ٱلَّذِى بِيَدِهِۦ مَلَكُوتُ كُلِّ شَىْءٍ
وَإِلَيْهِ تُرْجَعُونَ ﴿٨٣﴾

Transliteration

Yaseen(1) Waalqurani alhakeemi(2) Innaka
lamina almursaleena(3) AAala siratin
mustaqeemin(4) Tanzeela alAAazeezi
alrraheemi(5) Lituntthira qawman
ma onthira abaohum fahum
ghafiloona(6) Laqad haqqa alqawlu
AAala aktharihim fahum
la yuminoona(7) Inna jaAAalna fee
aAAnaqihim aghlalan fahiya ila alathqani
fahum muqmahoona(8) WajaAAalna min
bayni aydeehim saddan wamin khalfihim
saddan faaghshaynahum fahum
la yubsiroona(9) Wasawaon AAalayhim
aanthartahum am lam tunthirhum
la yuminoona(10) Innama tunthiru mani
ittabaAAa alththikra wakhashiya alrrahmana
bialghaybi fabashshirhu bimaghfiratin
waajrin kareemin(11) Inna nahnu nuhyee
almawta wanaktubu ma qaddamoo
waatharahum wakulla shayin ahsaynahu fee
imamin mubeenin(12) Waidrib lahum

mathalan ashaba alqaryati
ith jaaha almursaloon**a**(13) Ith arsalna ilayhi
mu ithnayni
fakaththaboohuma faAAazzazna bithalithin
faqaloo inna ilaykum mursaloon**a**(14) Qaloo
ma antum illa basharun
mithluna wama anzala a**l**rrahmanu min
shayin in antum illa takthiboon**a**(15) Qaloo
rabbuna yaAAlamu inna ilaykum
lamursaloon**a**(16) Wama AAalayna illa albala
ghu almubeen**u**(17) Qaloo
inna tatayyarna bikum lain lam tantahoo
lanarjumannakum walayamassannakum
minna AAathabun
aleem**un**(18) Qaloo tairukum maAAakum
ain thukkirtum bal antum qawmun
musrifoon**a**(19) Wajaa min aqsa almadeenati
rajulun yasAAa qala ya qawmi ittabiAAoo
almursaleen**a**(20) IttabiAAoo man
la yasalukum ajran wahum
muhtadoon**a**(21) Wama liya la aAAbudu
allathee fataranee wailayhi
turjaAAoon**a**(22) Aattakhithu min
doonihi alihatan in yuridni a**l**rrahmanu
bidurrin la tughni AAannee shafaAAatuhum
shayan wala yunqithoon**i**(23) Innee ithan
lafee dalalin mubeen**in**(24) Innee amantu

birabbikum faismaAAooni(25) Qeela odkhuli
aljannata qala ya layta qawmee
yaAAlamoona(26) Bima ghafara lee rabbee
wajaAAalanee mina
almukrameena(27) Wama anzalna AAala qaw
mihi min baAAdihi min jundin mina alssamai
wama kunna munzileena(28) In kanat
illa sayhatan wahidatan faitha hum
khamidoona(29) Ya hasratan
AAala alAAibadi ma yateehim min rasoolin
illa kanoo bihi yastahzioona(30) Alam yaraw
kam ahlakna qablahum mina alqurooni
annahum ilayhim la yarjiAAoona(31) Wain
kullun lamma jameeAAun
ladayna muhdaroona(32) Waayatun lahumu
alardu almaytatu
ahyaynaha waakhrajna minha habban
faminhu
yakuloona(33) WajaAAalna feeha jannatin
min nakheelin waaAAnabin
wafajjarna feeha mina
alAAuyooni(34) Liyakuloo min thamarihi
wama AAamilathu aydeehim
afala yashkuroona(35) Subhana allathee
khalaqa alazwaja kullaha mimma tunbitu
alardu wamin anfusihim
wamimma la yaAAlamoona(36) Waayatun

lahumu allaylu naslakhu minhu a**l**nnahara
faitha hum mu*th*limoon**a**(37) Wa**al**shshams
tajree limustaqarrin laha thalika taqdeeru
alAAazeezi alAAaleem**i**(38) Wa**a**lqamara
qaddarnahu manazila hatta AAada
ka**a**lAAurjooni alqadeem**i**(39) La a**l**shshams
yanbaghee laha an tudrika alqamara
wala allaylu sabiqu a**l**nnahari wakullun fee
falakin yasbahoon**a**(40) Waayatun lahum
anna hamalna thurriyyatahum fee alfulki
almashhoon**i**(41) Wakhalaqna lahum min
mithlihi ma yarkaboon**a**(42) Wain nasha
nughriqhum fala sareekha lahum wala hum
yunqathoon**a**(43) Illa rahmatan
minna wamataAAan
ila heen**in**(44) Waitha qeela lahumu ittaqoo
ma bayna aydeekum wama khalfakum
laAAallakum
turhamoon**a**(45) Wama tateehim min ayatin
min ayati rabbihim illa kanoo
AAanha muAArideen**a**(46) Waitha qeela
lahum anfiqoo mimma razaqakumu Allahu
qala allatheena kafaroo lillatheena amanoo
anutAAimu man law yashao Allahu
atAAamahu in antum illa fee dalalin
mubeen**in**(47) Wayaqooloona
mata hatha alwaAAdu in

kuntum sadiqeen**a**(48) Ma yan*th*uroona
illa sayhatan wahidatan takhuthuhum
wahum
yakhissimoon**a**(49) Fala yastateeAAoona
tawsiyatan wala ila ahlihim
yarjiAAoon**a**(50) Wanufikha fee a**l**ssoori
faitha hum mina alajdathi ila rabbihim
yansiloon**a**(51) Qaloo ya waylana man
baAAathana min
marqadina hatha ma waAAada a**l**rrahmanu
wasadaqa almursaloon**a**(52) In kanat
illa sayhatan wahidatan faitha hum
jameeAAun
ladayna muhdaroon**a**(53) Fa**a**lyawma
la tu*th*lamu nafsun shayan wala tujzawna
illa ma kuntum taAAmaloon**a**(54) Inna
ashaba aljannati alyawma fee shughulin
fakihoon**a**(55) Hum waazwajuhum
fee *th*ilalin AAala alaraiki
muttakioon**a**(56) Lahum feeha fakihatun
walahum ma yaddaAAoon**a**(57) Salamun
qawlan min rabbin raheem**in**(58) Wa**i**mtazoo
alyawma ayyuha almujrimoon**a**(59) Alam
aAAhad ilaykum ya banee adama an
la taAAbudoo a**l**shshaytana innahu lakum
AAaduwwun mubeen**un**(60) Waani
oAAbudoonee hatha siratun

mustaqeem**un**(61) Walaqad adalla minkum
jibillan katheeran afalam takoonoo
taAAqiloon**a**(62) Hathihi jahannamu allatee
kuntum tooAAadoon**a**(63) Islawha alyawma
bima kuntum takfuroon**a**(64) Alyawma
nakhtimu AAala afwahihim
watukallimuna aydeehim watashhadu
arjuluhum bima kanoo
yaksiboon**a**(65) Walaw nashao
latamasna AAala aAAyunihim fa**i**stabaqoo
alssirata faanna yubsiroon**a**(66) Walaw
nashao lamasakhnahum AAala makanatihim
fama istataAAoo mudiyyan
wala yarjiAAoon**a**(67) Waman nuAAammirhu
nunakkishu fee alkhalqi
afala yaAAqiloon**a**(68) Wama AAallamnahu
a**l**shshiAAra wama yanbaghee lahu in huwa
illa thikrun waquranun
mubeen**un**(69) Liyunthira man kana hayyan
wayahiqqa alqawlu
AAala alkafireen**a**(70) Awalam yaraw
anna khalaqna lahum mimma AAamilat
aydeena anAAaman fahum
laha malikoon**a**(71) Wathallalnaha lahum
faminha rakoobuhum
waminha yakuloon**a**(72) Walahum
feeha manafiAAu wamasharibu

afala yashkuroon**a**(73) Wa**i**ttakhathoo min dooni Allahi alihatan laAAallahum yunsaroon**a**(74) La yastateeAAoona nasrahum wahum lahum jundun muhdaroon**a**(75) Fala yahzunka qawluhum inna naAAlamu ma yusirroona wama yuAAlinoon**a**(76) Awalam yara alinsanu anna khalaqnahu min nutfatin faitha huwa khaseemun mubeen**un**(77) Wadaraba lana mathalan wanasiya khalqahu qala man yuhyee alAAi*th*ama wahiya rameem**un**(78) Qul yuhyeeha allathee anshaaha awwala marratin wahuwa bikulli khalqin AAaleem**un**(79) Allathee jaAAala lakum mina a**l**shshajari alakhdari naran faitha antum minhu tooqidoon**a**(80) Awalaysa allathee khalaqa a**l**ssamawati wa**a**larda biqadirin AAala an yakhluqa mithlahum bala wahuwa alkhallaqu alAAaleem**u**(81) Innama amruhu itha arada shayan an yaqoola lahu kun fayakoon**u**(82) Fasubhana allathee biyadihi malakootu kulli shayin wailayhi turjaAAoon**a**(83)

Translation

Ya Sin.(1) By the Qur´an, full of Wisdom,-
(2) Thou art indeed one of the
messengers,(3) On a Straight Way.(4) It is a
Revelation sent down by (Him), the Exalted in
Might, Most Merciful.(5) In order that thou
mayest admonish a people, whose fathers had
received no admonition, and who therefore
remain heedless (of the Signs of Allah).(6) The
Word is proved true against the greater part of
them: for they do not believe.(7) We have put
yokes round their necks right up to their chins,
so that their heads are forced up (and they
cannot see).(8) And We have put a bar in front
of them and a bar behind them, and further,
We have covered them up; so that they cannot
see.(9) The same is it to them whether thou
admonish them or thou do not admonish them:
they will not believe.(10) Thou canst but
admonish such a one as follows the Message
and fears the (Lord) Most Gracious, unseen:
give such a one, therefore, good tidings, of
Forgiveness and a Reward most
generous.(11) Verily We shall give life to the
dead, and We record that which they send
before and that which they leave behind, and
of all things have We taken account in a clear

Book (of evidence).(12) Set forth to them, by way of a parable, the (story of) the Companions of the City. Behold!, there came messengers to it.(13) When We (first) sent to them two messengers, they rejected them: But We strengthened them with a third: they said, "Truly, we have been sent on a mission to you."(14) The (people) said: "Ye are only men like ourselves; and (Allah) Most Gracious sends no sort of revelation: ye do nothing but lie."(15) They said: "Our Lord doth know that we have been sent on a mission to you:(16) "And our duty is only to proclaim the clear Message."(17) The (people) said: "for us, we augur an evil omen from you: if ye desist not, we will certainly stone you. And a grievous punishment indeed will be inflicted on you by us."(18) They said: "Your evil omens are with yourselves: (deem ye this an evil omen). If ye are admonished? Nay, but ye are a people transgressing all bounds!"(19) Then there came running, from the farthest part of the City, a man, saying, "O my people! Obey the messengers:(20) "Obey those who ask no reward of you (for themselves), and who have themselves received Guidance.(21) "It would not be reasonable in me if I did not serve Him Who created me, and to Whom ye shall (all) be brought back.(22) "Shall I take (other) gods besides Him? If (Allah) Most Gracious should intend some adversity for me, of no use whatever will be their intercession for me, nor can they deliver me.(23) "I would indeed, if I were to do so, be in manifest Error.(24) "For me, I have faith in the Lord of you (all): listen then, to me!"(25) It was said: "Enter thou the Garden." He said: "Ah me! Would that my People knew (what I know)!-(26) "For that my Lord has granted me Forgiveness and has enrolled me among those held in honour!"(27) And We sent not down against his People, after him, any hosts from heaven, nor was it needful for Us so to do.(28) It was no more than a single mighty Blast, and behold! they were (like ashes) quenched and silent.(29) Ah! Alas for (My) Servants! There comes not a messenger to them but they mock him!(30) See they not how many generations before them we destroyed? Not to them will they return:(31) But each one of them all - will be brought before Us (for judgment).(32) A Sign for them is the earth that is dead: We do give it life, and produce grain therefrom, of which ye do eat.(33) And We produce therein orchard with date-palms and vines, and We cause springs to gush forth therein:(34) That they may enjoy the fruits of this (artistry): It was not their hands that made this: will they not then give thanks?(35) Glory to Allah, Who created in pairs all things that the earth produces, as well as their own (human) kind and (other) things of which they have no knowledge.(36) And a Sign for them is the Night: We withdraw therefrom the Day, and behold they are plunged in darkness;(37) And the sun runs his course for a period determined for him: that is the decree of (Him), the Exalted in Might, the All-Knowing.(38) And the Moon,- We have measured for her mansions (to traverse) till she returns like the old (and withered) lower part of a date-stalk.(39) It is not permitted to the Sun to catch up the Moon, nor can the Night outstrip the Day: Each (just) swims along in (its own) orbit (according to Law).(40) And a Sign for them is that We bore their race (through the Flood) in the loaded Ark;(41) And We have created for them similar (vessels) on which they ride.(42) If it were Our Will, We could drown them: then would there be no helper (to hear their cry), nor could they be delivered,(43) Except by way of Mercy from Us, and by way of (world) convenience (to serve them) for a time.(44) When they are told, "Fear ye that which is before you and that which will be after you, in order that ye may receive Mercy," (they turn back).(45) Not a Sign comes to them from among the Signs of their Lord, but they turn away therefrom.(46) And when they are told, "Spend ye of (the bounties) with which Allah has provided you," the Unbelievers say to those who believe: "Shall we then feed those whom, if Allah had so willed, He would have fed, (Himself)?- Ye are in nothing but manifest error."(47) Further, they say, "When will this promise (come to pass), if what ye say is true?"(48) They will not (have to) wait for aught but a single Blast: it will seize them while they are yet disputing among themselves!(49) No (chance) will they then have, by will, to dispose (of their affairs), nor to return to their own people!(50) The trumpet shall be sounded, when behold! from the sepulchres (men) will rush forth to their Lord!(51) They will say: "Ah! Woe unto us! Who hath raised us up from our beds of repose?"... (A voice will say:) "This is what (Allah) Most Gracious had promised. And true was the word of the messengers!"(52) It will be no more than a single Blast, when lo! they will all be brought up before Us!(53) Then, on that Day, not a soul will be wronged in the least, and ye shall but be repaid the meeds of your past Deeds.(54) Verily the Companions of the Garden shall that Day have joy in all that they do;(55) They and their associates will be in groves of (cool) shade, reclining on Thrones (of dignity);(56) (Every) fruit (enjoyment) will be there for them; they shall have whatever they call for;(57) "Peace!" - a word (of salutation) from a Lord Most Merciful!(58) "And O ye in sin! Get ye apart this Day!(59) "Did I not enjoin on you, O ye Children of Adam, that ye should not worship Satan; for that he was to you an enemy avowed?-(60) "And that ye should worship Me, (for that) this was the Straight Way?(61) "But he did lead astray a great multitude of you. Did ye not, then, understand?(62) "This is the Hell of which ye were (repeatedly) warned!(63) "Embrace ye the (fire) this Day, for that ye (persistently) rejected (Truth)."(64) That Day shall We set a seal on their mouths. But their hands will speak to us, and their feet bear witness, to all that they did.(65) If it had been our Will, We could surely have blotted out their eyes; then should they have run about groping for the Path, but how could they have seen?(66) And if it had been Our Will, We could have transformed them (to remain) in their places; then should they have been unable to move about, nor could they have returned (after error).(67) If We grant long life to any, We cause him to be reversed in nature: Will they not then understand?(68) We have not instructed the (Prophet) in Poetry, nor is it meet for him: this is no less than a Message and a Qur´an making things clear:(69) That it may give admonition to any (who are) alive, and that the charge may be proved against those who reject (Truth).(70) See they not that it is We Who have created for them - among the things which Our hands have fashioned - cattle, which are under their dominion?-(71) And that We have subjected them to their (use)? of them some do carry them and some they eat:(72) And they have (other) profits from them (besides), and they get (milk) to drink. Will they not then be grateful?(73) Yet they take (for worship) gods other than Allah, (hoping) that they might be helped!(74) They have not the power to help them: but they will be brought up (before Our Judgment-seat) as a troop (to be condemned).(75) Let not their speech, then, grieve thee. Verily We know what they hide as well as what they disclose.(76) Doth not man see that it is We Who created him from sperm? yet behold! he (stands forth) as an open adversary!(77) And he makes comparisons for Us, and forgets his own (origin and) Creation: He says, "Who can give life to (dry) bones and decomposed ones (at that)?"(78) Say, "He will give them life Who created them for the first time! for He is Well-versed in every kind of creation!- (79) "The same Who produces for you fire out of the green tree, when behold! ye kindle therewith (your own fires)!(80) "Is not He Who created the heavens and the earth able to create the like thereof?" - Yea, indeed! for He is the Creator Supreme, of skill and knowledge (infinite)!(81) Verily, when He intends a thing, His Command is, "be", and it is!(82) So glory to Him in Whose hands is the dominion of all things: and to Him will ye be all brought back.(83)

AL-WAQI'A

بِسْمِ ٱللَّهِ ٱلرَّحْمَٰنِ ٱلرَّحِيمِ

إِذَا وَقَعَتِ ٱلْوَاقِعَةُ ﴿١﴾ لَيْسَ لِوَقْعَتِهَا
كَاذِبَةٌ ﴿٢﴾ خَافِضَةٌ رَّافِعَةٌ ﴿٣﴾ إِذَا رُجَّتِ ٱلْأَرْضُ
رَجًّا ﴿٤﴾ وَبُسَّتِ ٱلْجِبَالُ بَسًّا ﴿٥﴾ فَكَانَتْ هَبَآءً
مُّنۢبَثًّا ﴿٦﴾ وَكُنتُمْ أَزْوَٰجًا ثَلَٰثَةً ﴿٧﴾ فَأَصْحَٰبُ ٱلْمَيْمَنَةِ
مَآ أَصْحَٰبُ ٱلْمَيْمَنَةِ ﴿٨﴾ وَأَصْحَٰبُ ٱلْمَشْـَٔمَةِ مَآ
أَصْحَٰبُ ٱلْمَشْـَٔمَةِ ﴿٩﴾ وَٱلسَّٰبِقُونَ
ٱلسَّٰبِقُونَ ﴿١٠﴾ أُوْلَٰٓئِكَ ٱلْمُقَرَّبُونَ ﴿١١﴾ فِى جَنَّٰتِ
ٱلنَّعِيمِ ﴿١٢﴾ ثُلَّةٌ مِّنَ ٱلْأَوَّلِينَ ﴿١٣﴾ وَقَلِيلٌ مِّنَ
ٱلْءَاخِرِينَ ﴿١٤﴾ عَلَىٰ سُرُرٍ مَّوْضُونَةٍ ﴿١٥﴾ مُّتَّكِـِٔينَ
عَلَيْهَا مُتَقَٰبِلِينَ ﴿١٦﴾ يَطُوفُ عَلَيْهِمْ وِلْدَٰنٌ
مُّخَلَّدُونَ ﴿١٧﴾ بِأَكْوَابٍ وَأَبَارِيقَ وَكَأْسٍ مِّن
مَّعِينٍ ﴿١٨﴾ لَّا يُصَدَّعُونَ عَنْهَا وَلَا

يُنزِفُونَ ﴿١٩﴾ وَفَٰكِهَةٍ مِّمَّا يَتَخَيَّرُونَ ﴿٢٠﴾ وَلَحْمِ طَيْرٍ

مِّمَّا يَشْتَهُونَ ﴿٢١﴾ وَحُورٌ عِينٌ ﴿٢٢﴾ كَأَمْثَٰلِ ٱللُّؤْلُؤِ

ٱلْمَكْنُونِ ﴿٢٣﴾ جَزَآءَ بِمَا كَانُوا۟ يَعْمَلُونَ ﴿٢٤﴾ لَا

يَسْمَعُونَ فِيهَا لَغْوًا وَلَا تَأْثِيمًا ﴿٢٥﴾ إِلَّا قِيلًا سَلَٰمًا

سَلَٰمًا ﴿٢٦﴾ وَأَصْحَٰبُ ٱلْيَمِينِ مَآ أَصْحَٰبُ

ٱلْيَمِينِ ﴿٢٧﴾ فِى سِدْرٍ مَّخْضُودٍ ﴿٢٨﴾ وَطَلْحٍ

مَّنضُودٍ ﴿٢٩﴾ وَظِلٍّ مَّمْدُودٍ ﴿٣٠﴾ وَمَآءٍ

مَّسْكُوبٍ ﴿٣١﴾ وَفَٰكِهَةٍ كَثِيرَةٍ ﴿٣٢﴾ لَّا مَقْطُوعَةٍ وَلَا

مَمْنُوعَةٍ ﴿٣٣﴾ وَفُرُشٍ مَّرْفُوعَةٍ ﴿٣٤﴾ إِنَّآ أَنشَأْنَٰهُنَّ

إِنشَآءً ﴿٣٥﴾ فَجَعَلْنَٰهُنَّ أَبْكَارًا ﴿٣٦﴾ عُرُبًا

أَتْرَابًا ﴿٣٧﴾ لِّأَصْحَٰبِ ٱلْيَمِينِ ﴿٣٨﴾ ثُلَّةٌ مِّنَ

ٱلْأَوَّلِينَ ﴿٣٩﴾ وَثُلَّةٌ مِّنَ ٱلْءَاخِرِينَ ﴿٤٠﴾ وَأَصْحَٰبُ

ٱلشِّمَالِ مَآ أَصْحَٰبُ ٱلشِّمَالِ ﴿٤١﴾ فِى سَمُومٍ

وَحَمِيمٍ ﴿٤٢﴾ وَظِلٍّ مِّن يَحْمُومٍ ﴿٤٣﴾ لَّا بَارِدٍ وَلَا

كَرِيمٍ ﴿٤٤﴾ إِنَّهُمْ كَانُوا۟ قَبْلَ ذَٰلِكَ
مُتْرَفِينَ ﴿٤٥﴾ وَكَانُوا۟ يُصِرُّونَ عَلَى ٱلْحِنثِ
ٱلْعَظِيمِ ﴿٤٦﴾ وَكَانُوا۟ يَقُولُونَ أَئِذَا مِتْنَا وَكُنَّا تُرَابًا
وَعِظَٰمًا أَءِنَّا لَمَبْعُوثُونَ ﴿٤٧﴾ أَوَءَابَآؤُنَا
ٱلْأَوَّلُونَ ﴿٤٨﴾ قُلْ إِنَّ ٱلْأَوَّلِينَ
وَٱلْءَاخِرِينَ ﴿٤٩﴾ لَمَجْمُوعُونَ إِلَىٰ مِيقَٰتِ يَوْمٍ
مَّعْلُومٍ ﴿٥٠﴾ ثُمَّ إِنَّكُمْ أَيُّهَا ٱلضَّآلُّونَ
ٱلْمُكَذِّبُونَ ﴿٥١﴾ لَءَاكِلُونَ مِن شَجَرٍ مِّن
زَقُّومٍ ﴿٥٢﴾ فَمَالِـُٔونَ مِنْهَا ٱلْبُطُونَ ﴿٥٣﴾ فَشَٰرِبُونَ عَلَيْهِ
مِنَ ٱلْحَمِيمِ ﴿٥٤﴾ فَشَٰرِبُونَ شُرْبَ ٱلْهِيمِ ﴿٥٥﴾ هَٰذَا
نُزُلُهُمْ يَوْمَ ٱلدِّينِ ﴿٥٦﴾ نَحْنُ خَلَقْنَٰكُمْ فَلَوْلَا
تُصَدِّقُونَ ﴿٥٧﴾ أَفَرَءَيْتُم مَّا تُمْنُونَ ﴿٥٨﴾ ءَأَنتُمْ
تَخْلُقُونَهُۥٓ أَمْ نَحْنُ ٱلْخَٰلِقُونَ ﴿٥٩﴾ نَحْنُ قَدَّرْنَا بَيْنَكُمُ
ٱلْمَوْتَ وَمَا نَحْنُ بِمَسْبُوقِينَ ﴿٦٠﴾ عَلَىٰٓ أَن نُّبَدِّلَ

أَمْثَٰلَكُمْ وَنُنشِئَكُمْ فِى مَا لَا تَعْلَمُونَ ﴿٦١﴾ وَلَقَدْ عَلِمْتُمُ
ٱلنَّشْأَةَ ٱلْأُولَىٰ فَلَوْلَا تَذَكَّرُونَ ﴿٦٢﴾ أَفَرَءَيْتُم مَّا
تَحْرُثُونَ ﴿٦٣﴾ ءَأَنتُمْ تَزْرَعُونَهُۥٓ أَمْ نَحْنُ
ٱلزَّٰرِعُونَ ﴿٦٤﴾ لَوْ نَشَآءُ لَجَعَلْنَٰهُ حُطَٰمًا فَظَلْتُمْ
تَفَكَّهُونَ ﴿٦٥﴾ إِنَّا لَمُغْرَمُونَ ﴿٦٦﴾ بَلْ نَحْنُ
مَحْرُومُونَ ﴿٦٧﴾ أَفَرَءَيْتُمُ ٱلْمَآءَ ٱلَّذِى
تَشْرَبُونَ ﴿٦٨﴾ ءَأَنتُمْ أَنزَلْتُمُوهُ مِنَ ٱلْمُزْنِ أَمْ نَحْنُ
ٱلْمُنزِلُونَ ﴿٦٩﴾ لَوْ نَشَآءُ جَعَلْنَٰهُ أُجَاجًا فَلَوْلَا
تَشْكُرُونَ ﴿٧٠﴾ أَفَرَءَيْتُمُ ٱلنَّارَ ٱلَّتِى تُورُونَ ﴿٧١﴾ ءَأَنتُمْ
أَنشَأْتُمْ شَجَرَتَهَآ أَمْ نَحْنُ ٱلْمُنشِـُٔونَ ﴿٧٢﴾ نَحْنُ
جَعَلْنَٰهَا تَذْكِرَةً وَمَتَٰعًا لِّلْمُقْوِينَ ﴿٧٣﴾ فَسَبِّحْ بِٱسْمِ
رَبِّكَ ٱلْعَظِيمِ ﴿٧٤﴾ ۞ فَلَآ أُقْسِمُ بِمَوَٰقِعِ
ٱلنُّجُومِ ﴿٧٥﴾ وَإِنَّهُۥ لَقَسَمٌ لَّوْ تَعْلَمُونَ
عَظِيمٌ ﴿٧٦﴾ إِنَّهُۥ لَقُرْءَانٌ كَرِيمٌ ﴿٧٧﴾ فِى كِتَٰبٍ

مَّكْنُونٍ ﴿٧٨﴾ لَّا يَمَسُّهُۥٓ إِلَّا ٱلْمُطَهَّرُونَ ﴿٧٩﴾ تَنزِيلٌ

مِّن رَّبِّ ٱلْعَٰلَمِينَ ﴿٨٠﴾ أَفَبِهَٰذَا ٱلْحَدِيثِ أَنتُم

مُّدْهِنُونَ ﴿٨١﴾ وَتَجْعَلُونَ رِزْقَكُمْ أَنَّكُمْ

تُكَذِّبُونَ ﴿٨٢﴾ فَلَوْلَآ إِذَا بَلَغَتِ ٱلْحُلْقُومَ ﴿٨٣﴾ وَأَنتُمْ

حِينَئِذٍ تَنظُرُونَ ﴿٨٤﴾ وَنَحْنُ أَقْرَبُ إِلَيْهِ مِنكُمْ وَلَٰكِن لَّا

تُبْصِرُونَ ﴿٨٥﴾ فَلَوْلَآ إِن كُنتُمْ غَيْرَ

مَدِينِينَ ﴿٨٦﴾ تَرْجِعُونَهَآ إِن كُنتُمْ صَٰدِقِينَ ﴿٨٧﴾ فَأَمَّآ

إِن كَانَ مِنَ ٱلْمُقَرَّبِينَ ﴿٨٨﴾ فَرَوْحٌ وَرَيْحَانٌ وَجَنَّتُ

نَعِيمٍ ﴿٨٩﴾ وَأَمَّآ إِن كَانَ مِنْ أَصْحَٰبِ

ٱلْيَمِينِ ﴿٩٠﴾ فَسَلَٰمٌ لَّكَ مِنْ أَصْحَٰبِ

ٱلْيَمِينِ ﴿٩١﴾ وَأَمَّآ إِن كَانَ مِنَ ٱلْمُكَذِّبِينَ

ٱلضَّآلِّينَ ﴿٩٢﴾ فَنُزُلٌ مِّنْ حَمِيمٍ ﴿٩٣﴾ وَتَصْلِيَةُ

جَحِيمٍ ﴿٩٤﴾ إِنَّ هَٰذَا لَهُوَ حَقُّ ٱلْيَقِينِ ﴿٩٥﴾ فَسَبِّحْ

بِٱسْمِ رَبِّكَ ٱلْعَظِيمِ ﴿٩٦﴾

Transliteration

Itha waqaAAati alwaqiAAatu(1) Laysa liwaqAAatiha kathibatun(2) Khafidatun rafiAAatun(3) Itha rujjati alardu rajjan(4) Wabussati aljibalu bassan(5) Fakanat habaan munbaththan(6) Wakuntum azwajan thalathatan(7) Faashabu almaymanati ma ashabu almaymanati(8) Waashabu almashamati ma ashabu almashamati(9) Waalssabiqoona alssabiqoona(10) Olaika almuqarraboona(11) Fee jannati alnnaAAeemi(12) Thullatun mina alawwaleena(13) Waqaleelun mina alakhireena(14) AAala sururin mawdoonatin(15) Muttakieena AAalayha mutaqabileena(16) Yatoofu AAalayhim wildanun mukhalladoona(17) Biakwabin waabareeqa wakasin min maAAeenin(18) La yusaddaAAoona AAanha wala yunzifoona(19) Wafakihatin mimma yatakhayyaroona(20) Walahmi tayrin mimma yashtahoona(21) Wahoorun AAeenun(22) Kaamthali allului almaknooni(23) Jazaan bima kanoo yaAAmaloona(24) La yasmaAAoona

feeha laghwan wala tatheema**n**(25) Illa qeela
salaman salama**n**(26) Waashabu alyameeni
ma ashabu alyameen**i**(27) Fee sidrin
makhdood**in**(28) Watalhin
mandood**in**(29) Wa*th*illin
mamdood**in**(30) Wamain
maskoob**in**(31) Wafakihatin
katheera**tin**(32) La maqtooAAatin
wala mamnooAAa**tin**(33) Wafurushin
marfooAAa**tin**(34) Inna anshanahunna
inshaa**n**(35) FajaAAalnahunna
abkara**n**(36) AAuruban atraba**n**(37) Liashabi
alyameen**i**(38) Thullatun mina
alawwaleen**a**(39) Wathullatun mina
alakhireen**a**(40) Waashabu a**l**shshimali
ma ashabu a**l**shshimal**i**(41) Fee samoomin
wahameem**in**(42) Wa*th*illin min
yahmoom**in**(43) La baridin
wala kareem**in**(44) Innahum kanoo
qabla thalika mutrafeen**a**(45) Wakanoo
yusirroona AAala alhinthi
alAAa*th*eem**i**(46) Wakanoo yaqooloona
aitha mitna wakunna turaban waAAi*th*aman
ainna lamabAAoothoon**a**(47) Awa abaona alaw
waloon**a**(48) Qul inna alawwaleena
wa**al**akhireen**a**(49) LamajmooAAoona
ila meeqati yawmin maAAloom**in**(50) Thumma
innakum ayyuha alddalloona

almukaththiboon**a**(51) Laakiloona min shajarin
min zaqqoom**in**(52) Famalioona
minha albutoon**a**(53) Fashariboona AAalayhi
mina alhameem**i**(54) Fashariboona shurba
alheem**i**(55) Hatha nuzuluhum yawma
a**l**ddeen**i**(56) Nahnu khalaqnakum
falawla tusaddiqoon**a**(57) Afaraaytum
ma tumnoon**a**(58) Aantum takhluqoonahu am
nahnu alkhaliqoon**a**(59) Nahnu
qaddarna baynakumu almawta wama nahnu
bimasbooqeen**a**(60) AAala an nubaddila
amthalakum wanunshiakum fee
ma la taAAlamoon**a**(61) Walaqad AAalimtumu
a**l**nnashata
aloola falawla tathakkaroon**a**(62) Afaraaytum
ma tahruthoon**a**(63) Aantum tazraAAoonahu
am nahnu a**l**zzariAAoon**a**(64) Law nashao
lajaAAalnahu hutaman fa*th*altum
tafakkahoon**a**(65) Inna lamughramoon**a**(66) Ba
l nahnu mahroomoon**a**(67) Afaraaytumu almaa
allathee tashraboon**a**(68) Aantum
anzaltumoohu mina almuzni am nahnu
almunziloon**a**(69) Law nashao jaAAalnahu
ojajan falawla tashkuroon**a**(70) Afaraaytumu
a**l**nnara allatee tooroon**a**(71) Aantum anshatum
shajarataha am nahnu
almunshioon**a**(72) Nahnu
jaAAalnaha tathkiratan wamataAAan

lilmuqweena(73) Fasabbih biismi rabbika alAAatheemi(74) Fala oqsimu bimawaqiAAi alnnujoomi(75) Wainnahu laqasamun law taAAlamoona AAatheemun(76) Innahu laquranun kareemun(77) Fee kitabin maknoonin(78) La yamassuhu illa almutahharoona(79) Tanzeelun min rabbi alAAalameena(80) Afabihatha alhadeethi antum mudhinoona(81) WatajAAaloona rizqakum annakum tukaththiboona(82) Falawla itha balaghati alhulqooma(83) Waantum heenaithin tanthuroona(84) Wanahnu aqrabu ilayhi minkum walakin la tubsiroona(85) Falawla in kuntum ghayra madeeneena(86) TarjiAAoonaha in kuntum sadiqeena(87) Faamma in kana mina almuqarrabeena(88) Farawhun warayhanun wajannatu naAAeemin(89) Waamma in kana min ashabi alyameeni(90) Fasalamun laka min ashabi alyameeni(91) Waamma in kana mina almukaththibeena alddalleena(92) Fanuzulun min hameemin(93) Watasliyatu jaheemin(94) Inna hatha lahuwa haqqu alyaqeeni(95) Fasabbih biismi rabbika alAAatheemi(96)

Translation

When the Event inevitable cometh to pass,(1) Then will no (soul) entertain falsehood concerning its coming.(2) (Many) will it bring low; (many) will it exalt;(3) When the earth shall be shaken to its depths,(4) And the mountains shall be crumbled to atoms,(5) Becoming dust scattered abroad,(6) And ye shall be sorted out into three classes.(7) Then (there will be) the Companions of the Right Hand;- What will be the Companions of the Right Hand?(8) And the Companions of the Left Hand,- what will be the Companions of the Left Hand?(9) And those Foremost (in Faith) will be Foremost (in the Hereafter).(10) These will be those Nearest to Allah:(11) In Gardens of Bliss:(12) A number of people from those of old,(13) And a few from those of later times.(14) (They will be) on Thrones encrusted (with gold and precious stones),(15) Reclining on them, facing each other.(16) Round about them will (serve) youths of perpetual (freshness),(17) With goblets, (shining) beakers, and cups (filled) out of clear-flowing fountains:(18) No after-ache will they receive therefrom, nor will they suffer intoxication:(19) And with fruits, any that they may select:(20) And the flesh of fowls, any that they may desire.(21) And (there will be) Companions with beautiful, big, and lustrous eyes,-(22) Like unto Pearls well-guarded.(23) A Reward for the deeds of their past (life).(24) Not frivolity will they hear therein, nor any taint of ill,-(25) Only the saying, "Peace! Peace".(26) The Companions of the Right Hand,- what will be the Companions of the Right Hand?(27) (They will be) among Lote-trees without thorns,(28) Among Talh trees with flowers (or fruits) piled one above another,-(29) In shade long-extended,(30) By water flowing constantly,(31) And fruit in abundance.(32) Whose season is not limited, nor (supply) forbidden,(33) And on Thrones (of Dignity), raised high.(34) We have created (their Companions) of special creation.(35) And made them virgin - pure (and undefiled), -(36) Beloved (by nature), equal in age,-(37) For the Companions of the Right Hand.(38) A (goodly) number from those of old,(39) And a (goodly) number from those of later times.(40) The Companions of the Left Hand,- what will be the Companions of the Left Hand?(41) (They will be) in the midst of a Fierce Blast of Fire and in Boiling Water,(42) And in the shades of Black

Smoke:(43) Nothing (will there be) to refresh, nor to please:(44) For that they were wont to be indulged, before that, in wealth (and luxury),(45) And persisted obstinately in wickedness supreme!(46) And they used to say, "What! when we die and become dust and bones, shall we then indeed be raised up again?-(47) "(We) and our fathers of old?"(48) Say: "Yea, those of old and those of later times,(49) "All will certainly be gathered together for the meeting appointed for a Day well-known.(50) "Then will ye truly,- O ye that go wrong, and treat (Truth) as Falsehood!-(51) "Ye will surely taste of the Tree of Zaqqum.(52) "Then will ye fill your insides therewith,(53) "And drink Boiling Water on top of it:(54) "Indeed ye shall drink like diseased camels raging with thirst!"(55) Such will be their entertainment on the Day of Requital!(56) It is We Who have created you: why will ye not witness the Truth?(57) Do ye then see?- The (human Seed) that ye throw out,-(58) Is it ye who create it, or are We the Creators?(59) We have decreed Death to be your common lot, and We are not to be frustrated(60) from changing your Forms and creating you (again) in (forms) that ye know not.(61) And ye certainly know already the first form of creation: why then do ye not celebrate His praises?(62) See ye the seed tha ye sow in the ground?(63) Is it ye that cause i to grow, or are We the Cause?(64) Were it Ou Will, We could crumble it to dry powder, and ye would be left in wonderment,(65) (Saying) "We are indeed left with debts (for nothing):(66) "Indeed are we shut out (of the fruits of our labour)"(67) See ye the water which ye drink?(68) Do ye bring it down (in rain) from the cloud or do We?(69) Were it Our Will, We could make it salt (and unpalatable): then why do ye not give thanks?(70) See ye the Fire which ye kindle?(71) Is it ye who grow the tree which feeds the fire, or do We grow it?(72) We have made it a memorial (of Our handiwork), and an article of comfort and convenience for the denizens of deserts.(73) Then celebrate with praises the name of thy Lord, the Supreme!(74) Furthermore I call to witness th setting of the Stars,-(75) And that is indeed a mighty adjuration if ye but knew,-(76) That this is indeed a qur´an Most Honourable,(77) In Book well-guarded,(78) Which none shall touch but those who are clean:(79) A Revelation from the Lord of the Worlds.(80) Is it such a Message that ye would hold in light esteem?(81) And have ye made it your livelihood that ye should declare it false?(82) Then why do ye not (intervene) when (the soul of the dying man) reaches the throat,-(83) And ye the while (sit) looking on,-(84) But We are nearer to him than ye, and yet see not,-(85) Then why do ye not,- If you are exempt from (future) account,-(86) Call back the soul, if ye are true (in the claim of independence)?(87) Thus, then, if he be of those Nearest to Allah,(88) (There is for him) Rest and Satisfaction, and a Garden of Delights.(89) And if he be of the Companions of the Right Hand,(90) (For him is the salutation), "Peace be unto thee", from the Companions of the Right Hand.(91) And if he be of those who treat (Truth) as Falsehood, who go wrong,(92) For him is Entertainment with Boiling Water.(93) And burning in Hell-Fire.(94) Verily, this is the Very Truth and Certainly.(95) So celebrate with praises the name of thy Lord, the Supreme.(96)

AL-MULK

بِسْمِ ٱللَّهِ ٱلرَّحْمَٰنِ ٱلرَّحِيمِ

تَبَٰرَكَ ٱلَّذِى بِيَدِهِ ٱلْمُلْكُ وَهُوَ عَلَىٰ كُلِّ شَىْءٍ
قَدِيرٌ ﴿١﴾ ٱلَّذِى خَلَقَ ٱلْمَوْتَ وَٱلْحَيَوٰةَ لِيَبْلُوَكُمْ أَيُّكُمْ
أَحْسَنُ عَمَلًا ۚ وَهُوَ ٱلْعَزِيزُ ٱلْغَفُورُ ﴿٢﴾ ٱلَّذِى خَلَقَ
سَبْعَ سَمَٰوَٰتٍ طِبَاقًا ۖ مَّا تَرَىٰ فِى خَلْقِ ٱلرَّحْمَٰنِ مِن
تَفَٰوُتٍ ۖ فَٱرْجِعِ ٱلْبَصَرَ هَلْ تَرَىٰ مِن فُطُورٍ ﴿٣﴾ ثُمَّ ٱرْجِعِ
ٱلْبَصَرَ كَرَّتَيْنِ يَنقَلِبْ إِلَيْكَ ٱلْبَصَرُ خَاسِئًا وَهُوَ
حَسِيرٌ ﴿٤﴾ وَلَقَدْ زَيَّنَّا ٱلسَّمَآءَ ٱلدُّنْيَا بِمَصَٰبِيحَ وَجَعَلْنَٰهَا
رُجُومًا لِّلشَّيَٰطِينِ ۖ وَأَعْتَدْنَا لَهُمْ عَذَابَ
ٱلسَّعِيرِ ﴿٥﴾ وَلِلَّذِينَ كَفَرُوا۟ بِرَبِّهِمْ عَذَابُ جَهَنَّمَ ۖ
وَبِئْسَ ٱلْمَصِيرُ ﴿٦﴾ إِذَآ أُلْقُوا۟ فِيهَا سَمِعُوا۟ لَهَا شَهِيقًا
وَهِىَ تَفُورُ ﴿٧﴾ تَكَادُ تَمَيَّزُ مِنَ ٱلْغَيْظِ ۖ كُلَّمَآ أُلْقِىَ فِيهَا
فَوْجٌ سَأَلَهُمْ خَزَنَتُهَآ أَلَمْ يَأْتِكُمْ نَذِيرٌ ﴿٨﴾ قَالُوا۟ بَلَىٰ قَدْ

جَآءَنَا نَذِيرٌ فَكَذَّبْنَا وَقُلْنَا مَا نَزَّلَ ٱللَّهُ مِن شَىْءٍ إِنْ أَنتُمْ
إِلَّا فِى ضَلَٰلٍ كَبِيرٍ ﴿٩﴾ وَقَالُوا۟ لَوْ كُنَّا نَسْمَعُ أَوْ نَعْقِلُ مَا
كُنَّا فِىٓ أَصْحَٰبِ ٱلسَّعِيرِ ﴿١٠﴾ فَٱعْتَرَفُوا۟ بِذَنۢبِهِمْ
فَسُحْقًا لِّأَصْحَٰبِ ٱلسَّعِيرِ ﴿١١﴾ إِنَّ ٱلَّذِينَ يَخْشَوْنَ
رَبَّهُم بِٱلْغَيْبِ لَهُم مَّغْفِرَةٌ وَأَجْرٌ كَبِيرٌ ﴿١٢﴾ وَأَسِرُّوا۟
قَوْلَكُمْ أَوِ ٱجْهَرُوا۟ بِهِۦٓ ۖ إِنَّهُۥ عَلِيمٌۢ بِذَاتِ
ٱلصُّدُورِ ﴿١٣﴾ أَلَا يَعْلَمُ مَنْ خَلَقَ وَهُوَ ٱللَّطِيفُ
ٱلْخَبِيرُ ﴿١٤﴾ هُوَ ٱلَّذِى جَعَلَ لَكُمُ ٱلْأَرْضَ ذَلُولًا
فَٱمْشُوا۟ فِى مَنَاكِبِهَا وَكُلُوا۟ مِن رِّزْقِهِۦ ۖ وَإِلَيْهِ
ٱلنُّشُورُ ﴿١٥﴾ ءَأَمِنتُم مَّن فِى ٱلسَّمَآءِ أَن يَخْسِفَ بِكُمُ
ٱلْأَرْضَ فَإِذَا هِىَ تَمُورُ ﴿١٦﴾ أَمْ أَمِنتُم مَّن فِى ٱلسَّمَآءِ
أَن يُرْسِلَ عَلَيْكُمْ حَاصِبًا ۖ فَسَتَعْلَمُونَ كَيْفَ
نَذِيرِ ﴿١٧﴾ وَلَقَدْ كَذَّبَ ٱلَّذِينَ مِن قَبْلِهِمْ فَكَيْفَ كَانَ
نَكِيرِ ﴿١٨﴾ أَوَلَمْ يَرَوْا۟ إِلَى ٱلطَّيْرِ فَوْقَهُمْ صَٰٓفَّٰتٍ

وَيَقْبِضْنَ ۚ مَا يُمْسِكُهُنَّ إِلَّا ٱلرَّحْمَٰنُ ۚ إِنَّهُۥ بِكُلِّ شَىْءٍۭ
بَصِيرٌ ﴿١٩﴾ أَمَّنْ هَٰذَا ٱلَّذِى هُوَ جُندٌ لَّكُمْ يَنصُرُكُم
مِّن دُونِ ٱلرَّحْمَٰنِ ۚ إِنِ ٱلْكَٰفِرُونَ إِلَّا فِى
غُرُورٍ ﴿٢٠﴾ أَمَّنْ هَٰذَا ٱلَّذِى يَرْزُقُكُمْ إِنْ أَمْسَكَ رِزْقَهُۥ ۚ
بَل لَّجُّوا۟ فِى عُتُوٍّ وَنُفُورٍ ﴿٢١﴾ أَفَمَن يَمْشِى مُكِبًّا عَلَىٰ
وَجْهِهِۦٓ أَهْدَىٰٓ أَمَّن يَمْشِى سَوِيًّا عَلَىٰ صِرَٰطٍ
مُّسْتَقِيمٍ ﴿٢٢﴾ قُلْ هُوَ ٱلَّذِىٓ أَنشَأَكُمْ وَجَعَلَ لَكُمُ
ٱلسَّمْعَ وَٱلْأَبْصَٰرَ وَٱلْأَفْـِٔدَةَ ۖ قَلِيلًا مَّا تَشْكُرُونَ ﴿٢٣﴾ قُلْ
هُوَ ٱلَّذِى ذَرَأَكُمْ فِى ٱلْأَرْضِ وَإِلَيْهِ
تُحْشَرُونَ ﴿٢٤﴾ وَيَقُولُونَ مَتَىٰ هَٰذَا ٱلْوَعْدُ إِن كُنتُمْ
صَٰدِقِينَ ﴿٢٥﴾ قُلْ إِنَّمَا ٱلْعِلْمُ عِندَ ٱللَّهِ وَإِنَّمَآ أَنَا۠ نَذِيرٌ
مُّبِينٌ ﴿٢٦﴾ فَلَمَّا رَأَوْهُ زُلْفَةً سِيٓـَٔتْ وُجُوهُ ٱلَّذِينَ كَفَرُوا۟
وَقِيلَ هَٰذَا ٱلَّذِى كُنتُم بِهِۦ تَدَّعُونَ ﴿٢٧﴾ قُلْ أَرَءَيْتُمْ إِنْ
أَهْلَكَنِىَ ٱللَّهُ وَمَن مَّعِىَ أَوْ رَحِمَنَا فَمَن يُجِيرُ ٱلْكَٰفِرِينَ

مِنْ عَذَابٍ أَلِيمٍ ﴿٢٨﴾ قُلْ هُوَ ٱلرَّحْمَٰنُ ءَامَنَّا بِهِۦ وَعَلَيْهِ تَوَكَّلْنَا ۖ فَسَتَعْلَمُونَ مَنْ هُوَ فِى ضَلَٰلٍ مُّبِينٍ ﴿٢٩﴾ قُلْ أَرَءَيْتُمْ إِنْ أَصْبَحَ مَآؤُكُمْ غَوْرًا فَمَن يَأْتِيكُم بِمَآءٍ مَّعِينٍ ﴿٣٠﴾

Transliteration

Tabaraka allathee biyadihi almulku wahuwa AAala kulli shayin qadeer**un**(1) Allathee khalaqa almawta wa**a**lhayata liyabluwakum ayyukum ahsanu AAamalan wahuwa alAAazeezu alghafoor**u**(2) Allathee khalaqa sabAAa samawatin tibaqan ma tara fee khalqi alrrahmani min tafawutin fa**i**rjiAAi albasara hal tara min futoor**in**(3) Thumma irjiAAi albasara karratayni yanqalib ilayka albasaru khasian
wahuwa haseer**un**(4) Walaqad zayyanna alssamaa alddunya bimasabeeha wajaAAalnaha rujooman li**l**shshayateeni waaAAtadna lahum AAathaba alssaAAeer**i**(5) Walillatheena kafaroo birabbihim AAathabu jahannama wabisa almaseer**u**(6) Itha olqoo feeha samiAAoo

laha shaheeqan wahiya tafoor**u**(7) Takadu tamayyazu mina alghay*th*i kullama olqiya feeha fawjun saalahum khazanatuha alam yatikum natheer**un**(8) Qaloo bala qad jaana natheerun fakaththabna waqulna ma nazzala Allahu min shayin in antum illa fee dalalin kabeer**in**(9) Waqaloo law kunna nasmaAAu aw naAAqilu ma kunna fee ashabi a**l**ssaAAeer**i**(10) Fa**i**AAtarafoo bithanbihim fasuhqan liashabi a**l**ssaAAeer**i**(11) Inna allatheena yakhshawna rabbahum bi**a**lghayb lahum maghfiratun waajrun kabeer**un**(12) Waasirroo qawlakum awi ijharoo bihi innahu AAaleemun bithati a**l**ssudoor**i**(13) Ala yaAAlamu man khalaqa wahuwa allateefu alkhabeer**u**(14) Huwa allathee jaAAala lakumu alarda thaloolan fa**i**mshoo fee manakibiha wakuloo min rizqihi wailayhi a**l**nnushoor**u**(15) Aamintum man fee a**l**ssamai an yakhsifa bikumu alarda faitha hiya tamoor**u**(16) Am amintum man fee a**l**ssamai an yursila AAalaykum hasiban fasataAAlamoona kayfa natheer**i**(17) Walaqad kaththaba allatheena min qablihim fakayfa kana nakeer**i**(18) Awalam yaraw ila a**l**ttayri

fawqahum saffatin wayaqbidna
ma yumsikuhunna illa alrrahmanu innahu
bikulli shayin baseerun(19) Amman
hatha allathee huwa jundun lakum
yansurukum min dooni alrrahmani ini
alkafiroona illa fee ghuroorin(20) Amman
hatha allathee yarzuqukum in amsaka
rizqahu bal lajjoo fee AAutuwwin
wanufoorin(21) Afaman yamshee mukibban
AAala wajhihi ahda amman yamshee
sawiyyan AAala siratin mustaqeemin(22) Qul
huwa allathee anshaakum wajaAAala lakumu
alssamAAa waalabsara waalafidata qaleelan
ma tashkuroona(23) Qul huwa
allathee tharaakum fee alardi wailayhi
tuhsharoona(24) Wayaqooloona
mata hatha alwaAAdu in
kuntum sadiqeena(25) Qul innama alAAilmu
AAinda Allahi wainnama ana natheerun
mubeenun(26) Falamma raawhu zulfatan
seeat wujoohu allatheena kafaroo waqeela
hatha allathee kuntum bihi
taddaAAoona(27) Qul araaytum in
ahlakaniya Allahu waman maAAiya aw
rahimana faman yujeeru alkafireena min
AAathabin aleemin(28) Qul huwa
alrrahmanu amanna bihi waAAalayhi

tawakkalna fasataAAlamoona man huwa fee dalalin mubeenin(29) Qul araaytum in asbaha maokum ghawran faman yateekum bimain maAAeenin(30)

Translation

Blessed be He in Whose hands is Dominion; and He over all things hath Power;-(1) He Who created Death and Life, that He may try which of you is best in deed: and He is the Exalted in Might, Oft-Forgiving;-(2) He Who created the seven heavens one above another: No want of proportion wilt thou see in the Creation of (Allah) Most Gracious. So turn thy vision again: seest thou any flaw?(3) Again turn thy vision a second time: (thy) vision will come back to thee dull and discomfited, in a state worn out.(4) And we have, (from of old), adorned the lowest heaven with Lamps, and We have made such (Lamps) (as) missiles to drive away the Evil Ones, and have prepared for them the Penalty of the Blazing Fire.(5) For those who reject their Lord (and Cherisher) is the Penalty of Hell: and evil is (such), Destination.(6) When they are cast therein, they will hear the (terrible) drawing in of its breath even as it blazes forth,(7) Almost bursting with fury: Every time a Group is cast therein, its Keepers will ask, "Did no Warner come to you?"(8) They will say: "Yes indeed; a Warner did come to us, but we rejected him and said, ´Allah never sent down any (Message): ye are nothing but an egregious delusion!´"(9) They will further say: "Had we but listened or used our intelligence, we should not (now) be among the Companions of the Blazing Fire!"(10) They will then confess their sins: but far will be (Forgiveness) from the Companions of the Blazing Fire!(11) As for those who fear their Lord unseen, for them is Forgiveness and a great Reward.(12) And whether ye hide your word or publish it, He certainly has (full) knowledge, of the secrets of (all) hearts.(13) Should He not know,- He that created? and He is the One that understands the finest mysteries (and) is well-acquainted (with them).(14) It is He Who has made the earth manageable for you, so traverse ye through its tracts and enjoy of the Sustenance which He furnishes: but unto Him is the Resurrection.(15) Do ye feel secure that He Who is in heaven will not cause you to be swallowed up by the earth when it shakes (as in an earthquake)?(16) Or do ye feel secure that He Who is in Heaven will not send against you a violent tornado (with showers of stones), so that ye shall know how (terrible) was My warning?(17) But indeed men before them rejected (My warning): then how (terrible) was My rejection (of them)?(18) Do they not observe the birds above them, spreading their wings and folding them in? None can uphold them except (Allah) Most Gracious: Truly (Allah) Most Gracious: Truly it is He that watches over all things.(19) Nay, who is there that can help you, (even as) an army, besides (Allah) Most Merciful? In nothing but delusion are the Unbelievers.(20) Or who is there that can provide you with Sustenance if He were to withhold His provision? Nay, they obstinately persist in insolent impiety and flight (from the Truth).(21) Is then one who walks headlong, with his face grovelling, better guided,- or one who walks evenly on a Straight Way?(22) Say: "It is He Who has created you (and made you grow), and made for you the faculties of hearing, seeing, feeling and understanding: little thanks it is ye give.(23) Say: "It is He Who has multiplied you through the earth, and to Him shall ye be gathered together."(24) They ask: When will this promise be (fulfilled)? - If ye are telling the truth.(25) Say: "As to the knowledge of the time, it is with Allah alone: I am (sent) only to warn plainly in public."(26) At length, when they see it close at hand, grieved will be the faces of the Unbelievers, and it will be said (to them): "This is (the promise fulfilled), which ye were calling for!"(27) Say: "See ye?- If Allah were to destroy me, and those with me, or if He bestows His Mercy on us,- yet who can deliver the Unbelievers from a grievous Penalty?"(28) Say: "He is (Allah) Most Gracious: We have believed in Him, and on Him have we put our trust: So, soon will ye know which (of us) it is that is in manifest error."(29) Say: "See ye?- If your stream be some morning lost (in the underground earth), who then can supply you with clear-flowing water?"(30)

Printed in Great Britain
by Amazon

43012037R00066